Bibliografische Information der Deutschen Nationalbibliothek
Die Deutsche Nationalbibliothek verzeichnet diese Publikation in der Deutschen Nationalbibliografie; detaillierte bibliografische Daten sind im Internet über http://dnb.d-nb.de abrufbar.

ISBN 978-3-7338-0372-8

www.koehler-amelang.de
www.seemann-henschel.de

Gedruckt auf alterungsbeständigem Papier mit chlorfrei gebleichtem Zellstoff.

Die Gespräche wurden aufgezeichnet von Martin Ahrends.

Umschlaggestaltung: art works. Potsdam

Einband-Titelseite: Potsdam, Wilhelm-Külz-Straße (heute Breite Straße), 2. Dezember 1989
Einband-Rückseite: Berlin-Mitte, Neue Wache, 2. Oktober 1990
Seiten 1 und 128: Berlin-Mitte, Marx-Engels-Forum, 2. Oktober 1990
Seiten 4/5: Potsdam, Babelsberger Park, 21. Februar 1990

Gesamtgestaltung, Bildbearbeitung und Satz: art works. Potsdam
Gesetzt aus FF Transit und Arnhem 1

Druck und buchbinderische Verarbeitung: Gorenjski Tisk, Kranj

Printed in Slovenia

Wende. Wandel. Wiedersehen

20 Jahre danach

Fotos von Joachim Liebe
Vorwort von Thomas Brussig

Koehler & Amelang

Thomas Brussig Vorwort

I Im »Zauberberg« von Thomas Mann heißt es sinngemäß, dass eine ereignis*reiche* Zeit als kurz empfunden wird, wenn man sie erlebt, während sie in der Erinnerung als lang erscheint; eine ereignis*arme* Zeit hingegen ist lang, wenn man sie erlebt, doch kurz in der Erinnerung.

II Die Wende, die kurz währte und in der Erinnerung lang anmutet, war ja nicht mehr das, was unter DDR zu verstehen war. Die Wende – also die Zeit zwischen der Fluchtwelle im Sommer 1989 und der deutschen Einheit im Frühherbst 1990 – war eine Zeit des Dazwischen: Das Alte verschwand und das Neue war noch nicht da. Es war eine Zeit, in der die Zukunft offener war, als sie es normalerweise ist. Für viele ergaben sich Chancen und Möglichkeiten, von denen sie vor wenigen Monaten nicht mal zu träumen gewagt hätten. Andere standen vor einem Scherbenhaufen. Kurzum: Die Karten wurden neu gemischt. Aber alle bewegten sich auf schwankendem Boden.

Tatsächlich lebte es sich anders während der Wende, da sich so viel ereignete. Viele Menschen erlebten etwas, was sie noch nie zuvor erlebt hatten. Oft fiel ihnen nur ein Wort dazu ein: »Wahnsinn!« Eine Erregung, eine Vibration griff um sich und erfasste alle. Die Wende ließ keinen kalt. Einzig darin lag die kollektive Erfahrung der Wende. Denn paradoxerweise lassen sich die Wendegeschichten auf keinen gemeinsamen Nenner bringen. Die Stimmungskurve war keine, die gemeinsam gezeichnet wurde. Jeder hat seine eigenen Wende-Schlüsselerlebnisse, seine eigene emotionale Wende-Achterbahnfahrt. Die Momente von Glück, Euphorie, Hoffnung, Entschlossenheit, Zuversicht, Angst, Enttäuschung und Verzweiflung lagen bei jedem woanders. Das Besondere war nur: Die Zeit bot mehr Momente von Glück, Euphorie, Hoffnung, Entschlossenheit, Zuversicht, Angst, Enttäuschung und Verzweiflung als üblich. Weder davor noch danach war das Leben für so viele Menschen so lebendig gewesen. Und viele haben ungeachtet ihres Alters dieses Jahr dazu genutzt, das Bild, das sie von sich hatten, Wirklichkeit werden zu lassen. Deshalb die vielen neuen Gesichter. Deshalb diese Fülle an Talenten.

Natürlich war die Wende auch eine großartige Zeit für Fotografen. Die Wende brachte Bilder hervor, war eine bildermächtige Zeit. Gerade die Fernsehbilder sind so inflationär gezeigt worden, dass sich die volkstümliche Meinung eingeschlichen hat: Wer die Fernsehbilder kennt, weiß Bescheid. Natürlich ist das Gegenteil der Fall: Wer nur die Fernsehbilder kennt, weiß gar nichts von der Wende. Joachim Liebes Fotos interessieren sich immer wieder für die schrägen Vögel, die Sonderlinge, die Minderheiten. Für diejenigen, die auf Distanz zur Masse gehen oder sogar die Konfrontation mit ihr suchen. Er muss, als er diese Fotos geschossen hat, schon gespürt (oder sogar gewusst) haben, dass die Verschmelzung des Volkes auf der Straße eine Illusion ist. In Wahrheit sind und bleiben es Einzelne, die für einen kurzen historischen Moment zu vergessen bereit waren, wie unterschiedlich sie sind.

Wahr ist allerdings, dass die Wende eine Zeit war, die die Menschen auf die Straßen trieb. Die Wende fand meist unter freiem Himmel statt. Oder in Räumen, zu denen jeder Zugang hatte. Das machte sie zu einem demokratischen Ur-Erlebnis. Wenn Demokratie »Macht des Volkes« bedeutet, dann konnte das Volk in jenen Monaten tatsächlich erleben, dass es die Macht hat. Ob es die Massenflucht beim »Paneuropäischen Picknick« war, die überfüllten Botschaften in Budapest und Prag, die Protestdemonstrationen im ganzen Land, die Nacht des 9. November, der Ansturm auf die Grenzübergänge in den Tagen danach, der Wahlkampf, das Anstehen vor den Sparkassen im Zuge der Währungsunion. Politik und Geschichte wurde von der Straße gemacht. Der Begriff »Menschenmasse« hat es seit der Wende nicht mehr verdient, von vornherein verächtlich ausgesprochen zu werden.

III Dass Joachim Liebe nicht »alltägliches«, sondern »historisches« Geschehen fotografiert hat, steht außer Frage. Dass man unter »Geschichte« alles Vergangene versteht, ist in der Redewendung »Das ist Geschichte« aufgehoben. »Geschichte« wäre demnach nichts Besonderes. Nun gibt es aber in der Vergangenheit immer wieder das, was als »historischer Moment« bezeichnet wird. Weil ein Fotograf besondere Momente einzufangen und zu bannen vermag, gibt es überhaupt die Fotografie. Was aber ist ein »historischer Moment«, und wie lässt er sich fotografieren?

Ein historischer Moment ist vielleicht das, in dem die Gewissheiten über die Zukunft zerbrechen. Ein historischer Moment ist etwas, das eine andere Zukunft herstellt – und zwar für viele Menschen, für ganze Völker oder sogar die ganze Menschheit.

Die Wende war ein historischer Moment, gewiss. Aber wie hat sie sich abgespielt? – Geschichte hat eine seltsame Eigenschaft: Niemand vermag ihren Verlauf vorherzusehen, aber hinterher können alle aufs Beste erklären, warum es so und nicht anders kommen musste. Und so gibt es soziologische, demografische, wirtschaftswissenschaftliche, geostrategische und sozialpsychologische Erklärungsansätze, aus denen Ursachen und Verlauf der Wende abgeleitet werden.

Im Mai 1989 zerschnitten die Ungarn die Stacheldrähte ihrer Grenze zu Österreich. Erstmals seit dem Mauerbau war es DDR-Bürgern möglich, relativ gefahrlos in den Westen zu gelangen, und mit dem Beginn der Urlaubszeit entwickelte sich vor den Augen der Weltöffentlichkeit und der Medien eine Fluchtwelle, die zu *dem* innenpolitischen Thema der DDR wurde. Denn diese Fluchtwelle bestand nicht aus Dissidenten und Aussteigern (die am Rand der Gesellschaft standen und von der DDR schon zuvor gern gen Westen entsorgt wurden), sondern vorwiegend aus gut ausgebildeten Facharbeitern, aus jungen Familien – und überwiegend aus jungen Menschen. Dass der DDR buchstäblich die Zukunft abhandenkam, war offensichtlich, und die Ohnmacht der Obrigkeit war mit Händen zu greifen. Bislang hatte eine Mischung aus Desinteresse, Duckmäusertum und Alternativlosigkeit die Machthaber gestützt, doch mit dem Weggehen der Kinder, der Arbeitskolleginnen und -kollegen wurde den Zurückbleibenden klar: So kann es nicht weitergehen. Es begann eine Debatte über den Zustand und die Zukunft des Landes, die der Bürgerrechtsbewegung plötzlich einen ungeahnten Zulauf bescherte und ihr eine nie da gewesene Autorität verlieh. Zu einem gewaltsamen Niederhalten der Proteste fehlte es – aus welchen Gründen auch immer – der SED-Führung an Entschlossenheit, gottlob.

Diese Situation aus einem soziologischen oder politisch-historischen Blickwinkel zu beschreiben, greift zu kurz. Es geht eigentlich nur mit literarischen Mitteln, denn die Stimmung, das Lebensgefühl jener Wochen und Monate war einzigartig. Menschen verloren die Angst, sagten laut, was sie dachten, verweigerten Gefolgschaft und taten, was sie für richtig hielten.

Und wenn alle etwas tun, was sie noch nie gemacht haben, dann bleibt nichts mehr beim Alten.

IV Auch Joachim Liebe nutzte den Herbst 1989, um das Bild, das er von sich hatte, in die Tat umzusetzen. Er war gelernter Elektriker, arbeitete einige Jahre auf Baustellen, ehe er 1985 die schlechter bezahlte Arbeit beim Kulturbund begann, wo er seiner Leidenschaft, dem Fotografieren, näherzukommen hoffte. Er als besessener Hobbyfotograf mit eigener Dunkelkammer und einigen kleineren Ausstellungen betreute gelegentlich Fotoausstellungen bekannterer Fotografen, von denen eine dann auch mal nur einen Tag währte, weil unmittelbar nach der Eröffnung herauskam, dass der ausstellende Fotograf einen Ausreiseantrag gestellt hatte, und eine umgehende Schließung verfügt wurde. Die Fotografie war jedoch nur ein Teil seiner Zuständigkeit; genauso musste Joachim Liebe auch Briefmarken für eine Philatelieschau in Opole (Polen) über die Grenze bringen, da man beim Kulturbund inzwischen sowohl der Post als auch dem Zoll misstraute.

Welches Erdbeben die Zeit zwischen dem Sommer 89 und dem Herbst 90 bedeutet, erfasste Joachim Liebe zwar nicht auf Anhieb – aber er begriff instinktiv, dass er mit seiner Kamera rausgehen muss. Das war am 4. November 1989, dem Tag, der als der Tag der größten Protestdemonstration in die DDR-Geschichte einging. Über eine halbe Million demonstrierten in Berlin, aber auch in anderen Städten, unter anderem in Potsdam, gingen die Menschen an diesem Samstag auf die Straße.

Die Bilder gelangen, und Joachim Liebe tat das, was ihm noch zu einem richtigen Fotografen fehlte: Er besorgte sich eine Steuernummer. Und tatsächlich: In der Folgezeit drängten sich die Bilder der Linse des Fotografen geradezu auf. Demonstrationen, Mauerfall, die Eröffnung neuer Grenzübergangsstellen und die Öffnung des Brandenburger Tores, der Wahlkampf bei den einzigen freien Volkskammerwahlen, die Beseitigung von Grenzanlagen, Hausbesetzungen – alles bot sich zum Fotografiertwerden an. Und als bereits im April 1990 Joachim Liebes Wendebilder in einer eigenen Ausstellung in Lyon gezeigt wurden, hatte sich der kleine Kulturarbeiter binnen weniger Monate vollends in einen Fotografen mit internationalen Ausstellungen verwandelt. Im Land von Henri Cartier-Bresson, dem Übervater der Sozialfotografie, gezeigt zu werden, erschien Joachim Liebe eigentlich unvorstellbar. Aber eben dieses Aufblühen, dieses Wahrwerden kühnster Träume war ein, wenn nicht *das* Kennzeichen der Wende. Für diejenigen, die etwas mit sich vorhatten, bot die Wende Chancen. (Denn auch ich, der im Herbst 89 noch ein kleiner Hotelportier im Ostberliner Palast-Hotel war, erfuhr im April 1990, dass mein Romandebüt im Aufbau-Verlag erscheinen wird, während sich bei der Akademie der Wissenschaften eine wissenschaftliche Mitarbeiterin namens Angela Merkel von ihrer Arbeit freistellen ließ, um sich der politischen Arbeit, an der sie mehr Freude empfand, zu widmen. Und unvergesslich bleibt mir, wie ein transsexueller Mann, der in meiner Straße wohnte, der bestimmt schon über vierzig war und seine Neigung bis dato allenfalls in Andeutungen zu zeigen wagte, an einem Maientag 1990 endlich voll herausgeputzt vor die Tür trat.)

Joachim Liebe ist im Laufe der Zeit ein immer besserer Fotograf geworden, auch seine Ausrüstung wurde immer besser – doch die Motive haben es ihm nicht gedankt: Nie wieder bot sich seiner Kamera in einer solchen Fülle das, was er in den ersten Wochen nach seinem Entschluss, Fotograf zu sein, fotografieren konnte.

Sein Arbeitsplatz beim Kulturbund ging mit der Wende unter, aber ebenso brachte die Wende ihn als Fotografen hervor. Er hat einen sicheren Arbeitsplatz verloren, der ihn nur bedingt erfüllte, und zu seinem eigenen Erstaunen kommt er, wenn zuweilen auch nur knapp und wacklig, seit zwanzig Jahren mit dem über die Runden, was er am liebsten macht und am besten kann.

V »Der entscheidende Augenblick« ist der Titel von Henri Cartier-Bressons erstem (und wichtigstem) Fotoband. Der Titel beschreibt die Philosophie jener Art von Fotografie, an die sich auch Joachim Liebe anlehnt: Fotografieren bedeutet, dem Leben die Momente zu entreißen, die Verewigung lohnen. Dies heißt zunächst, das Leben in das Bild überhaupt erst mal einzulassen. Der Fotograf soll nichts inszenieren, nichts arrangieren, er darf nicht mal stören. So ist beispielsweise das Blitzlicht tabu. Er soll ein Auge haben für geometrische Gegebenheiten, für Schienen, Straßenfluchten, Fahrbahnmarkierungen, Pfützen (gleich Spiegel) usw. Diese Geometrie hält ein Bild überhaupt erst zusammen. Entscheidend ist jedoch, was dann in der starren Geometrie passiert. Das Problem ist, dass es einen Moment, nachdem es passierte, wieder weg ist. »Nachher ist alles zu spät, das Ereignis läßt sich nicht zurückdrehen … Für uns ist alles, was verschwindet, ein für allemal verschwunden«, schreibt Cartier-Bresson. Deshalb muss ein Fotograf (zumindest einer, der diese Art der Fotografie betreibt) eine gewisse Antizipationsfähigkeit, eine hellseherische Ader haben. Es wäre auch keine Beleidigung für diese Fotografen, ihre Tätigkeit als *Knipsen* zu beschreiben, während der Ausdruck *Fotos schießen* eine Aggressivität suggeriert, mit der sich nichts ausrichten ließe. Cartier-Bresson schreibt, dass sich der Fotograf seinem Gegenstand »auf Samtpfötchen, aber mit Argusaugen nähern« muss. Er muss immer bestrebt sein, die Leute, die er fotografieren will, »die immer zu auffällige Kamera vergessen zu lassen«. Das geht nur mit Bescheidenheit, Understatement. »Ich lebe davon, unterschätzt zu werden«, sagt eine meiner Romanfiguren, die als Fotograf genau jene Fotografie praktiziert, der auch Joachim Liebe nachgeht.

Mit Knipsen allein ist es jedoch nicht getan. Der Fotograf muss genau wissen, was er tut, und das setzt eine intensive Beschäftigung mit seinem Gegenstand voraus – lange bevor er knipst. Nur wenn er sich vorher gefragt hat, was seine Fotos aussagen sollen, wird man auf seinen Fotos überhaupt eine Aussage sehen können. Der geglückte Schnappschuss will gründlich vorbereitet sein – und ob es dann dazu kommt, ist damit noch lange nicht gesagt.

VI Beim Betrachten seiner Wendebilder fragte sich Joachim Liebe irgendwann: Was ist aus diesen Menschen geworden? Diese Frage ist naheliegend, denn die Blicke jener Menschen verraten Hoffnung, Zuversicht, Selbstvertrauen, Entschlossenheit, manchmal aber auch Skepsis, Trotz, Ohnmacht. Die Wende hat, so ist man sich landläufig wohl einig, das Leben der Ostler in ein *Davor* und ein *Danach* zerschnitten, und oft hat das Davor mit dem Danach so wenig zu tun, dass man getrost vom *zweiten* oder vom *neuen Leben der Ostler* sprechen kann, das durch die Wende eingeläutet wurde. Zwei Leben zu haben, ist etwas, das die Ostdeutschen beispielsweise von den Westdeutschen unterscheidet; für Letztere setzte sich die Vergangenheit nach 89/90 im Prinzip ungebrochen fort. Die Literatur könnte ganze Bibliotheken mit erdachten oder der Wirklichkeit entnommenen ostdeutschen Lebensgeschichten füllen, welche in einen Vor- und einen Nachwendeteil zerfallen. Aber eine große Unsicherheit bliebe doch: Beschreibt dieser Roman/diese Erzählung/dieses Theaterstück etwas Typisches, Repräsentatives – oder nur etwas Auffälliges und irgendwie Eingängiges? (Denn es ist das Charakteristikum von Erzählungen, dass etwas »passieren« muss; Geschichten von Leere und Stillstand werden von Autoren gemieden, da sie arm an Wendungen sind und sich selbst das einfache Prinzip »und dann und dann und dann« kaum noch herstellen lässt.) Was ist mit jenen, die nach 89/90 kein neues Leben begannen, weil sie die neue Zeit nicht meistern konnten, weil ihre Behörde dicht machte, ihr Betrieb abgewickelt wurde und sie weder auf dem Arbeitsmarkt noch sonst wie im Leben Fuß fassen konnten? Gibt es sie tatsächlich in großer Zahl? Oder sind sie nur die Erfindung, die in den Reden von Oppositionspolitikern und in einer naturgemäß schwarzmalerischen Presse bemüht wird?

Nun könnten die Sozialwissenschaften aushelfen. Doch mit dürren Statistiken der Art »62,6 Prozent der Befragten geben an, dass sie von der Wende enttäuscht sind, 33,1 Prozent geben an, dass sie die DDR teilweise oder ganz zurück wünschen, 11,8 Prozent der Befragten wollen die Mauer wiederhaben« (es handelt sich um ausgedachte Zahlen) kommt man der Sache auch nicht näher. Denn diese Zahlen wollen mit Leben erfüllt werden. Insofern liegt der Ansatz von Joachim Liebe, der das Literarische und das Faktische miteinander verbindet, ja geradezu auf der Hand. Er nimmt reale Menschen, die ihm im Wendejahr 89/90 vor die Kamera gerieten, und verpflanzt sie knapp zwanzig Jahre später für einen Moment genau dorthin, wo er sie einst fotografierte. Und er lässt sie befragen, zu ihrer Situation damals und heute. Was für ein Glück, dass er diesen Ansatz mit Bildern begleitet, die man gern betrachtet, die neugierig machen!

Der Zufall spielte mit, wer im Jahr 89/90 auf die Fotos von Joachim Liebe geriet. Und da Joachim Liebe nicht wusste, wie er auf diese Bilder noch zurückkommen wird, notierte er weder Namen noch Adresse. So stand er am Anfang dieses Buchprojektes vor einem Problem: Wie sollte er die Porträtierten nach so langer Zeit ausfindig machen? Er hatte nichts als ein paar Fotos.

Mit denen machte er sich auf die Suche. Er ging in Kneipen, zu Imbissbuden, Dorfbürgermeistern usw. und legte seine Fotos vor: Kennt jemand diese Menschen? Weiß man was von ihnen?

Über die meisten von ihnen ließ sich tatsächlich etwas in Erfahrung bringen. Das spricht für die Gründlichkeit der Recherche. Doch längst nicht mit allen konnte Martin Ahrends, der von Joachim Liebe betraute Autor, sprechen. Nicht nur, weil sie, wie beispielsweise jene glücklich-entspannten Arbeiter, die vor den CDU-Wahlplakaten miteinander Bier trinkend anstießen, verstorben waren. Sondern auch, weil sie nicht bereit waren, sich erneut fotografieren zu lassen und über sich zu sprechen. Ja, wäre der Osten voll von Geschichten, in denen sich die Hoffnungen der Wende erfüllten, Geschichten von Selbstverwirklichung, Stolz und Glück, dann hätten es Joachim Liebe und Martin Ahrends leichter gehabt.

Ich mag mir nicht vorstellen, wie mein Leben in der DDR ohne Wende weitergegangen wäre. Ja nicht mal, was wäre, wenn die Wende zehn Jahre später gekommen (und ich dann so alt gewesen wäre wie Joachim Liebe 89/90), will ich mir ausmalen. Ebenso verweigere ich konsequent die Antwort auf die Frage, wie denn meine literarischen Figuren, die beispielsweise »das kürzere Ende der Sonnenallee« bevölkerten, in der Gegenwart angekommen wären. Ich verweigere die Antwort, weil sie wohl mit einer Entzauberung und Profanisierung einherginge.

Das Projekt von Joachim Liebe fürchtet sich nicht vor der Entzauberung und Profanisierung, im Gegenteil: Es beschwort sie geradezu herauf, indem den Porträtierten die Gelegenheit gegeben wird, von heute aus über damals zu sprechen.

VII Die Wende war ein einzigartiger Moment in der Geschichte, und der Mauerfall war es erst recht. Niemals davor und danach wurden so viele Menschen so überraschend von so starken Glücksgefühlen, ausgelöst durch politische Ereignisse, überwältigt. Dass Menschen tagelang auf den Straßen feiern, kommt immer mal wieder vor, sei es bei den Siegesfeiern nach einem Krieg oder nach einem Wahlsieg Obama'scher Dimension. (Dass politische Ereignisse Glückszustände auslösen, ist ohnehin eher selten.) Was den Mauerfall aber so besonders macht, ist, dass der ganze Vorgang schlicht unvorstellbar war. Niemand hatte erwartet, dass es so passieren wird, wie es dann passierte.

Man nimmt der Wende und dem Mauerfall von ihrer Pracht, wenn man diese Ereignisse danach bewertet, welche Hoffnungen mit ihnen verbunden waren und wie viele dieser Hoffnungen gescheitert sind. Gewiss, ausgedachte 62,6 Prozent sind von der Wende enttäuscht. Aber wenn ich um diese Zahlen weiß und dann die Bilder von Joachim Liebe sehe, frage ich mich: Wird das Geschehen dadurch weniger echt? Ist das Leuchten in den Augen damals deshalb weniger schön? Nein, das ist es nicht, und viele Menschen (denken wir nur an die armen Schweizer) leben seit Jahrhunderten, ohne dass etwas passiert, das sie so aufleuchten lässt. Wir sind heute vielleicht weniger glücklich, als wir damals zu werden hofften, aber immer noch glücklicher, als wenn es die Wende nie gegeben hätte.

Und davon abgesehen: Diese Wochen, diese Momente nimmt uns niemand. Und nicht nur, dass wir sie wirklich erlebt haben: Wir wurden dabei auch noch fotografiert.

Potsdam Platz der Nationen (heute Luisenplatz), 4. November 1989

Potsdam Wilhelm-Külz-Straße (heute Breite Straße), 4. November 1989

Potsdam Wilhelm-Külz-Straße (heute Breite Straße), 4. November 1989

Potsdam Friedrich-Ebert-Straße, 4. November 1989

Potsdam Am Alten Markt, 2. Dezember 1989

Potsdam Wilhelm-Külz-Straße (heute Breite Straße), Filmmuseum, 2. Dezember 1989

Potsdam Am Alten Markt, 2. Dezember 1989

Potsdam Glienicker Brücke, 11. November 1989

Potsdam Glienicker Brücke, 11. November 1989

Berlin-Tiergarten Straße des 17. Juni, 16. November 1989

Berlin-Mitte Unter den Linden, 16. November 1989

Berlin-Tiergarten
Am Brandenburger Tor,
16. November 1989

Berlin-Tiergarten 21./22. Dezember 1989

Berlin-Mitte Brandenburger Tor, 21./22. Dezember 1989

Berlin-Tiergarten
Am Brandenburger Tor,
22. Dezember 1989

Berlin-Tiergarten Am Brandenburger Tor, 22. Dezember 1989

Berlin-Mitte Am Brandenburger Tor, 22. Dezember 1989

Berlin-Mitte Am Brandenburger Tor, 22. Dezember 1989

Potsdam Glienicker Brücke, Silvester 1989

Potsdam Schopenhauer Straße, 16. März 1990

Berlin-Charlottenburg Kurfürstendamm, 16. November 1989

Berlin-Wannsee / Potsdam
Auf der Glienicker Brücke,
24. Februar 1990

GRENZTRUPPEN

Potsdam Neuer Garten, 15. Januar 1990

Potsdam Am Jungfernsee (heute Schwanenallee), 15. Januar 1990

Potsdam Neuer Garten, Schloss Cecilienhof, 15. Januar 1990

Berlin-Wannsee Glienicker Brücke, 31. Januar 1990

Berlin-Tiergarten
Heutige Ebertstraße,
29. August 1990

PROJEKT PARKLANDSCHAFT IN BERLIN
LET THE WALLS OF OPRESSION CONTINUE TO FALL !

Berlin-Tiergarten Am Brandenburger Tor, 22. Dezember 1989

Berlin-Tiergarten 31. Januar 1990

Berlin-Tiergarten 31. Januar 1990

Berlin-Kreuzberg Am Checkpoint Charlie, 22. Juni 1990

Berlin-Mitte 14. Juni 1990

Potsdam Otto Graf Lambsdorff am Karl-Liebknecht-Forum (heute Lustgarten), 17. März 1990

Potsdam Schopenhauer Straße, 16. März 1990

Berlin-Lichtenberg Wolf Biermann vor der Zentrale des MfS in der Normannenstraße, 5. September 1990

Berlin-Mitte Gregor Gysi auf dem Alexanderplatz, 8. August 1990

Berlin-Lichtenberg Zentrale des MfS in der Normannenstraße, 5. September 1990

Berlin-Mitte Zwischen Berliner Dom und Palast der Republik, 31. Mai 1990

Ketzin 27. Januar 1990

Berlin-Mitte Lustgarten, 31. Mai 1990

Potsdam Friedrich-Ebert-Straße, 30. Juni 1990

Potsdam Nansenstraße, 1. Juli 1990

Potsdam-Krampnitz 27. Juni 1990

Potsdam Glienicker Brücke, 24. Februar 1990

Klein Briesen (Fläming)
Übungsplatz der Volkspolizei,
3. September 1990

Döberitzer Heide 1. Oktober 1990

Potsdam-Klein Glienicke 19. Mai 1990

Potsdam Friedrich-Ebert-Straße, 20. Mai 1990

Falkensee 27. Juni 1990

Potsdam Holländisches Viertel, 29. April 1990

Berlin-Kreuzberg Am Checkpoint Charlie, 22. Juni 1990

Potsdam Platz der Nationen (heute Luisenplatz), 11. März 1990

Potsdam Lindenstraße, 7. Oktober 1990

Potsdam Auf dem Brauhausberg, 30. März 1990

Berlin-Tiergarten Straße des 17. Juni, 22. September 1990

Berlin-Mitte Palast der Republik, Volkskammer der DDR, 23. August 1990

Berlin-Friedrichshain East Side Gallery, 1. Juli 1990

Berlin-Mitte 21. Mai 1990

Berlin-Mitte Hans Modrow vor dem Palast der Republik, 14. Juni 1990

Berlin-Mitte Ausstellung im Zeughaus, Unter den Linden, 27. April 1990

Potsdam Willy Brandt auf dem Platz der Nationen (heute Luisenplatz), 11. März 1990

Potsdam Glienicker Brücke, 16. November 1990

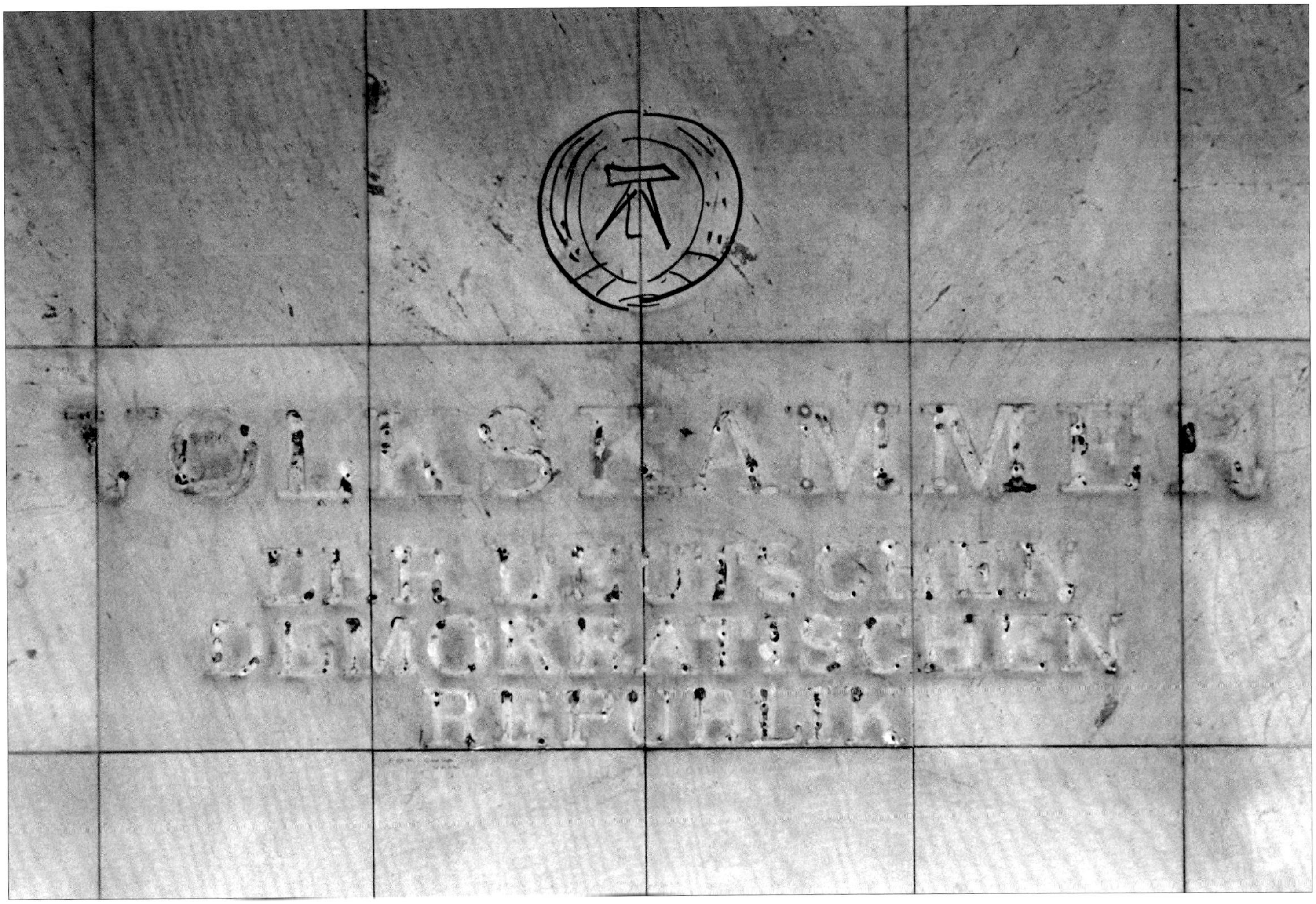

Berlin-Mitte Palast der Republik, 2. Oktober 1990

Güterfelde
»Mauerfriedhof«,
30. Oktober 1990

Zehn Porträts Aufgeschrieben von Martin Ahrends

Dietmar Geier Alle haben gekuscht, ich nicht

Potsdam Wilhelm-Külz-Straße (heute Breite Straße), 2. Dezember 1989

Die Mauer stand direkt hinter unserem Kindergarten. Und ich wusste, dahinter irgendwo lebt mein Opa, und ich kann da nicht hin. Den hab ich nur einmal gesehen, auf dem Bahnhof Friedrichstraße, da war ich noch ein kleines Kind, ich kann mich kaum daran erinnern. Aber er hat mir damals zwei Glasfiguren geschenkt, und die hab ich immer noch. Mein Bengel ist in der Wendezeit geboren, mit dem konnte ich noch rüber zu meiner Oma, sie hat ihn noch gesehen. 1990 ist sie dann gestorben.

Auf dem Foto – das bin ich mit meiner Tochter; die war damals sechs Jahre alt. Wir kommen von einer Demonstration, aber welche das nun war – wir waren ja dauernd auf der Straße damals.

Alle haben gekuscht, ich nicht. FDJ, Fahnenappell – ohne mich. Ich hab mich immer mit allen angelegt. Kein Facharbeiter, war nicht bei der Fahne. Aber: Ich wollte immer hier bleiben. Ich hatte nie den Gedanken zu gehen. Hab meinem Vernehmer zuletzt gesagt: Wer soll denn das Licht ausmachen, wenn ich gehe? Der hat nicht mal gelacht. Immer nur so verdruckst geguckt. Die arme Sau.

In der Schule hatte ich einen Bundeswehrparka mit deutscher Fahne drauf. Meine Direktorin wollte mir immer die Klamotten ausziehen. Da warte ich heut noch drauf. Meine erste Jeans mit Löchern drin, die hab ich jemandem aus der Klasse abgekauft, dann lange Haare, ein Ohrring. Die haben ja so die Augen ausgefahren. Hat meine Mutter einen Schrieb gekriegt, wie ihr Sohn in der Schule rumläuft. Ich sag: Da hat meine Mutter gar nichts mit zu tun. Hab ich die Direktorin auf dem Flur gesehen: Hey, ich dachte, Du wolltest mich ausziehen ... Die ist gleich weggerannt.

Ich hatte einen Zettel im Hausflur angepinnt – »Die Mauer muß weg, Aktion 13. August«, im Treppenhaus in der Charlottenstraße 27. Und überall in Potsdam, in mehreren Häusern. Dann hatte ich eine Fahne abgerissen, das Emblem abgetrennt und die Fahne als Tischdecke benutzt. Die war total vergilbt und den Fleck in der Mitte hat man immer gesehen. Gekriegt haben sie mich damals wegen Missachtung staatlicher Symbole und staatsfeindlicher Hetze. 1978 war ich der einzige Politische im Knast. 1987 waren im ganzen Obergeschoss der Lindenstraße nur Politische. Wir waren da über 20 Mann.

Verhaftet haben sie mich noch einmal 1986 im WTB (Waren des täglichen Bedarfs). Ich hab da gearbeitet. Die offizielle Losung war: Aus den Betrieben müssen wir noch mehr rausholen. Das hab ich ernst genommen, hab jeden Tag was rausgeholt. Ich war an der Quelle, hab alles gehabt: Pflaumenmus und Bananen, alles. Ich hab auch immer gut Geld gehabt, weil ich Geschäfte machen konnte. Und nebenbei gearbeitet. Montags kam immer ein Politnik in den Betrieb, der hat Ansprachen gehalten. Ich durfte draußen bleiben, damit ich den nicht vollquatsche. Die anderen sind wie die dummen Schafe da rein, haben sich das angehört. Hinterher gemeckert haben sie alle. Aber mal den Mund aufmachen – hat sich keiner getraut.

Wenn ich mal was an die Wandzeitung gemacht hab, das war gleich staatsfeindliche Hetze. Oder wenn ich RIAS auf dem Hof gehört habe. Steht alles in meiner Akte. Also die Verhaftung: Ich seh um die Ecke, seh die beiden Schmalzgesichter, und wusste gleich, das ist die Stasi, von Weitem schon. Hab bei der Stasi immer alles abgeleugnet: Nee, ich hab keine Oma im Westen. Das wusste er nun aber. Da hab ich gesagt: Wenn du's weißt, warum fragst denn so doof. Ich hatte Frau und Kinder. Wenn die mich aus dem Knast in den Westen abgeschoben hätten ohne mein Einverständnis: Ich hätte den Dritten Weltkrieg angefangen, das hab ich denen angedroht. Wagt ja nicht, mich abzuschieben, hab ich gesagt, ich besorg mir ne Knarre und stürme die DDR-Botschaft. Dafür wär ich in den Knast gegangen, aber richtig. Die können froh sein, dass sie sich das nicht getraut haben.

Beim Hofgang, der oben mit Maschinengewehr. Reden war verboten, hab ich gesungen: Wir lassen uns das Singen nicht verbieten. Nachher: Bam, geht die Tür auf: Stehzelle. Die war aber lang genug, hab ich mich hingelegt. Kamen sie wieder: Das ist aber ne Stehzelle. Hab ich gesagt: Dann müsst ihr das ranschreiben.

Ich war Wahlbeobachter bei der letzten Wahl 89. Denen war das egal, ob du angekreuzt hast oder durchgestrichen, die haben nur die abgegebenen Zettel gezählt und alles als Jastimmen gewertet. Ganz schlau. Die Zettel hätten sie auch maschinell zählen können. Irgendwann in diesem Jahr stand ich wieder vor der Stasi, aber nicht allein: Ick will rin hier. Wupp, ging das Brett auf. Ich sag: Alle antreten. Zehn Vernehmer waren da, meiner auch, ich sag: DU! Ich sage: Geier, Nummer 12! Und du komm jetzt mal her. Und er: Ich war immer Kommunist, und ich hab doch nur dem Staat gedient. Und ich: Was hab ich dir vor zwei Jahren gesagt? Und jetzt ist es so weit.

Dann war der Schabowski abends im Fernsehen: Das Brett ist offen. Ick sage: Spinnt der? Ich schmeiß gleich den Fernseher aus dem Fenster. Da hat er's noch mal gesagt, und ich zu dem Mädel, wo ich gerade war: Los, ruff uff die Karre, jetzt fahren wir über die Glienicker Brücke. Ich wär auch rübergefahren, aber da stand so ein Kunde mit Maschinengewehr. Ich sage: Mann, das Brett ist offen, kriegst du keen Fernseher oder was? Du rote Sau, mach dich aus dem Weg. Und er: Versuchen Sie's in Dreilinden. Sind wir Dreilinden rüber. War alles voll. Da haben sie sich dann alle getraut ... Das Mädel ist irgendwo abgestiegen, die ist gleich drüben geblieben, die hab ich nie wieder gesehen.

Vom Begrüßungsgeld hab ich gleich ein Auto gekauft. Am 5. Januar 1990, aus der »Zweiten Hand«. Einen Citroën Visa – mein erstes Westauto. Am Grenzübergang Drewitz steht so einer mit Bart: Einfuhrgenehmigung? Und ich: Hast du noch alle Buletten im Grill? Honni hatte 15 Autos, jetzt hab ich eins. Sagt er: Ich nehm Ihnen jetzt das Auto weg, sag ich: Pass mal uff, wenn ich dir den Bart abruppe. Kamen gleich fünf Mann, musste ich das Auto dalassen. Ich sage: Kunde, krieg ich das Auto nicht wieder, zünd ich das Zollamt in der Großbeerenstraße an. Dann platzt hier der Mond. Drei Wochen später hatte sich das alles erledigt, ohne Einfuhrgenehmigung hab ich mein Auto rübergekriegt.

Meinen Vernehmer hab ich dann nach der Wende noch mal getroffen, hat er oben aus dem Fenster geguckt, ich seh ihn: Ach, hier wohnste! Hup, Brett zu, Kopp rin. Die sind fast alle weggezogen.

Wenn ich gewusst hätte, wie das alles kommt, hätte ich vor der Wende auch in den Westen gehen können. Seit 1990 bis heute bin ich beim Arbeitsamt Kunde, eine Zeit lang war ich Hausmeister, dann in einer Abrissfirma beschäftigt, in der »Neuen Sozialarbeit« hatte ich eine ABM-Stelle. 2000 hab ich mich endgültig von meiner Frau getrennt. Ich war immer viel feiern, kam auch an Drogen ran, und die waren im Kilo natürlich billiger. 2002 bin ich wegen Dealerei zu dreieinhalb Jahren verknackt worden. Die hab ich in Brandenburg abgesessen; das Essen war zu Ostzeiten besser. 2005 bin ich rausgekommen, hab ein Mädel kennengelernt und wir sind zusammengezogen. Inzwischen sind wir wieder auseinander, aber wir haben eine Tochter. Und um die kämpf ich jetzt. Hab schon den dritten Anwalt verschlissen.

Dietmar Geier, geboren 1960 in Potsdam, damals Hilfsarbeiter, lebt heute arbeitslos in Potsdam.

Potsdam Breite Straße, 6. Januar 2009

Barbara Mädler-Vormfeld … dass man plötzlich so eine Macht spürte

Potsdam Platz der Nationen (heute Luisenplatz), 4. November 1989

Spontan nach Berlin fahren und sich nachts hinsetzen mit einer Kerze vor das Staatsratsgebäude … Bei mir war das nie großartig geplant. Das war nach diesem 7. Oktober 89. In der Zeit, als auch in der Gethsemanekirche die Leute immer mehr wurden … Da haben wir uns abends in Berlin getroffen und haben uns da hingesetzt mit Kerzen auf diesen riesigen Platz. Es war so eine unglaubliche Stille. Diese Feierlichkeit! Dass man plötzlich so eine Macht spürte. Und wusste, die waren dort, hinter den Fenstern. So ohnmächtig da drinnen … Wir haben uns vorgestellt, wie sie hinter den Fenstern lauern und überlegen: Stürmen die jetzt das Gebäude oder nicht? Uns war nicht nach stürmen. Wir saßen da nur mit unseren Kerzen, und es war ganz still … Das werde ich nie vergessen.

Und diese Treffen in der Gethsemanekirche: Man wusste ja, dass alles voller Stasi war um die Kirche herum. Aber Angst hatte ich nie. Nie. Man ist da angekommen mit seiner Kerze, und natürlich hat es innerlich schon ein bisschen gepuckert, an denen vorbeizugehen. Aber dann war man drin, und sie konnten einem nichts mehr anhaben … In diesem geschützten Raum. Das war eine wunderbare Zeit. Damals hab ich innerlich gelodert vor Leidenschaft und konnte dann auch nicht mehr schlafen, weil es mich so mitgenommen hat.

Das hab ich aber nie lange vorher geplant. Es war eben die Zeit dafür. Man fuhr irgendwohin und fand Gleichgesinnte, die sich an den bekannten Plätzen versammelten. Und es wurden immer mehr. Sehr aufregend. Bin sehr glücklich, dass ich das mitgemacht hab. Ohne da großartig revolutionär gewesen zu sein. Man wollte was verändern, und plötzlich hat man gespürt: Man kann auch was verändern. Eventuell. Das war ja zu Anfang noch gar nicht sicher. Ich war auch nicht im Neuen Forum. Man hat zusammen gekocht, man hat viel diskutiert, geredet, gelacht. Was es heute in dieser Form überhaupt nicht mehr gibt.

Einmal war ich dabei, als wir das Stasigebäude gestürmt haben in Potsdam, da sind wir noch über die Zäune geklettert. Sie waren ja immer da, diese Typen, als ob sie sich gar nicht mehr weggetraut hätten aus ihren Büros. Als ob sie sich da verschanzt hätten wie in einer Burg, wo sie sicher waren. Sie haben sich an ihre Macht geklammert, waren sich aber überhaupt nicht mehr sicher, ob sie die noch hatten. Das hat uns natürlich Auftrieb gegeben. Wir wollten Akteneinsicht haben, und sie antworteten: Es gebe schließlich Gesetze, und wie wir denn darauf kämen … Aber man merkte, dass sie sich nicht mehr wohlgefühlt haben in ihrer Haut, das war deutlich zu spüren. Was für ein schönes Gefühl für uns. Da hab ich die Ohnmacht dieser Leute gespürt. Wenn man ihnen die Stirn geboten hat, dann hat man gemerkt, dass sie gar nicht so mächtig waren, wie sie getan haben.

Im Sommer ging das los. Juni, Juli. In Leipzig wurde es ja dann schon immer mehr. Aber nach Leipzig bin ich nie gefahren. Ich hatte das Gefühl, ich müsste das hier tun, in Potsdam. Auch am 4. November bin ich nicht nach Berlin gefahren, sondern in Potsdam geblieben. Weil ich dachte: In Berlin sind schon genug. *Auf diesem Foto: Das war der 4. November am Brandenburger Tor von*

Potsdam. Auf dem jetzigen Luisenplatz. Die Demo verlief ganz friedlich, ohne große Zwischenfälle. Ich hab gemerkt, es sind alle hinter mir. Immer wieder kamen diese wunderschönen Sprechchöre. Irgendeiner hat immer wieder angefangen. Ich hab gespürt, dass es eine riesige Masse war, die sich gegen das System gestellt hat. Wir waren inzwischen viel sicherer geworden, humorvoller auch. »Neue Männer braucht das Land« – das hab ich nicht nur so da hingeschrieben. Und nicht nur Männer, sondern auch Frauen!

Meine größte Enttäuschung war, dass solche Leute wie ein Herr Krenz sich da plötzlich hinstellten als »die neuen Köpfe«, und ich weiß noch ... Ich hab damals bei der DEFA gearbeitet, und wir haben's im Radio gehört. Ich saß an meiner Arbeit und bin aufgesprungen, durch die Produktionsräume gerast und hab allen davon erzählt. Ich wollte es nicht glauben, so was Freches! Da stellt dieser Mensch sich hin und tut so, als wäre er gemeint mit unserem Ruf nach neuen Männern. Nein, nein, solche Männer wollte ich nicht.

Nicht reisen zu können, das war für mich gar nicht so ausschlaggebend. Das Schlimme war doch, dass man die Menschen so entmündigt hat, dass man keine Individualität zugelassen hat. Dass man sie so kleingemacht hat, dass sie nur noch eine mitlaufende Herde waren und es kaum noch Menschen gab, die gesagt haben: Nein, ich mach das nicht mit ... Das hat meinen ganzen Lebensweg begleitet: mich nie einschüchtern zu lassen.

Nach der Wende stellt sich doch so ein alter DEFA-Produktionsleiter vor die Belegschaft – ich hab später erfahren, was das für ein hohes Tier bei der Stasi war – und versucht uns immer noch kleinzukriegen, wie früher. Er hat uns doch tatsächlich vorgeworfen, dass wir die ganzen Jahre stillgehalten und nie den Mund aufgemacht hätten, erst jetzt wär uns das eingefallen, wo es nichts mehr kostet, weil sowieso alle auf der Straße sind. Und ich hab gemerkt, wie die Leute wieder ganz still wurden. Sich wieder einschüchtern ließen. Und ich weiß noch, wie ich auf den Stuhl gestiegen bin und habe ihn vor den zweitausend Leuten angebrüllt, diesen Mann: Sie haben uns doch eingeschüchtert, Sie haben doch gesagt, unsere Kinder kommen nicht auf die Oberschule, wenn wir nicht das und das machen – und vor allem Ruhe bewahren. Weshalb sind wir denn so lange still gewesen. Weshalb denn? – Ein Riesenapplaus, und ich merkte, wie ich die Leute noch einmal wachgerüttelt hatte.

Was danach kam, ist natürlich wieder eine ganz andere Geschichte. Eine große Enttäuschung. Vorher hatte ich das Gefühl, die Menschen, die da auf die Straße gegangen sind, die möchten wirklich eine politische Veränderung. Später hab ich gedacht, sie wollen doch nur eine Veränderung in ihrem privaten Leben, sie wollen reisen, sie wollen mehr Luxus, mehr einkaufen, da ging es ihnen gar nicht mehr wirklich um substanzielle Veränderungen. Das war meine große Enttäuschung. Die Wenigen, die es immer noch wollten, sind ja immer stärker an die Wand gedrückt worden.

Schön war in der DDR dieser quasi familiäre Zusammenhalt zwischen den Menschen, natürlich weil auch jeder jeden brauchte. Man war so aufeinander angewiesen. Man hatte auch nur sich. Als dann diese Familie DEFA wegbrach, da hab ich mich verloren gefühlt, das war keine schöne Zeit. Große Verunsicherung, auch bei mir, das ging alles in eine Richtung, die wir gar nicht gewollt hatten. – Keiner hatte mehr Zeit, alle drifteten auseinander, verloren sich.

Heute schätze ich immer noch den Gewinn an persönlicher Freiheit, denn das ist keine Selbstverständlichkeit. Zwanzig Jahre danach stehen wir wieder vor großen Veränderungen, auf der ganzen Welt. Ich hab zu meiner Freundin gesagt: Diesen Mann Obama zu wählen, sowas Unglaubliches können nur die Amerikaner. Doch im selben Moment hab ich mir gedacht: Stimmt nicht, wir haben auch etwas Unglaubliches geschafft: diesen Mauerfall.

Barbara Mädler-Vormfeld, geboren 1943 in Tornow (Spreewald), damals Regieassistentin, lebt heute als Rentnerin in Langerwisch.

Kai Dommert Die perfekte Variante

Potsdam Mittelstraße, Holländisches Viertel, 29. April 1990

Ich war in einem Alter, wo ohnehin Protest angesagt ist, wo man zu Hause rausmarschiert. – Und das in einer Zeit, in der plötzlich alles möglich war, wo es niemanden mehr gab, der uns Grenzen setzte. Die Ordnungsmacht war plötzlich von gestern. In diesem Sommer 89 hatten wir das Gefühl, die können uns nichts mehr. Auch wenn es geknallt hätte ...

Das Schöne an den Demos war das Gefühl, wir sind zu viele, um uns alle nach Bautzen zu schleppen. Schlimmstenfalls kriegt man was auf den Kopf. Aber diese Bewegung können sie nicht abwürgen. – Wir saßen in der Jungen Gemeinde, haben viel geredet und haben unsere eigentlich kirchlichen Nachmittage mit politischen Diskussionen verbracht: was da in der Sowjetunion passiert ist. Der »Sputnik« war verboten, eine Zeitschrift vom Großen Bruder! Das war ein deutliches Zeichen: Irgendwas passiert, wie es ausgeht, wusste natürlich niemand. Alles war offen. Angst, aber auch Spannung, Abenteuer. Man war ja nicht allein, was einen extrem sicher gemacht hat. Für mich war es einfach ein großartiges Gefühl, dabei zu sein, ich war zu jung für politische Ambitionen, es gab Leute, die offene Briefe geschrieben haben, Petitionen. Das war eine andere Liga.

Bei uns zu Hause gab es keinen Maulkorb, ich hab auch mit meiner Mutter immer offen über alles diskutieren können. Meine Mutter war nicht parteitreu, aber eben durchaus DDR-Bürgerin. Wir wollten nicht den Staat abschaffen. Wir waren keine Umstürzler. Entsprechend enttäuschend war dann ab Frühjahr 90, dass Leute, die bis dahin die Klappe gehalten hatten, nun, als es ungefährlich war, plötzlich mit der Deutschlandfahne wedelten. Kohl wählten. Wir haben uns komplett überrannt gefühlt. Darum ging's uns gar nicht.

Ich hab in der Sternwarte gelernt, da gab's den Professor Doktor Meinel und den Herrn Tschäpe aus Potsdam West, die später das Neue Forum gegründet haben. Nach den großen Demos im Oktober gab's eine Betriebsversammlung in der Sternwarte unter Führung der Partei. Die beiden saßen auch dabei, hatten aber Redeverbot. Lauter Doktoren, Professoren, und ich als 17-jähriger Lehrling dazwischen. Hochintelligente Menschen, die alle die Klappe hielten, auch zu diesem Redeverbot nichts sagen. Ich bin aufgestanden und hab geredet. War vielleicht banal, was ich da gesagt habe, aber ich hab eben nicht verstanden, dass alle die Klappe halten. Sich gegenseitig in die Tasche lügen. Als Teenie vor erwachsenen Leuten das sagen, was sie sich nicht trauen. Das hatte schon was.

Bei der Demo am 7. Oktober hab ich versucht zu fotografieren, und überall waren Leute, die mir die Kamera kaputtkloppen wollten. Ich hab meine Filme Freunden und Bekannten in die Tasche gesteckt: Nimm mal mit. Zuletzt hat sich alles im Café Heider gesammelt, und bevor sie das geräumt haben, sind wir durch den Hinterausgang getürmt. Die anderen wurden festgenommen, waren am nächsten Tag auch wieder draußen. Das ging halt alles nicht mehr so. Die ganze Staatsmacht war auf Notwehr.

Mit ihren LKWs mit den Streckmetallgittern vorn dran, mit Helm, Knüppel und Schild haben sie die Leute in eine Richtung geschoben. Man hatte jemanden herausgefordert, der vorher nicht herausforderbar war. »Unser Friedensstaat« musste seine Zähne zeigen. Man hat zum ersten Mal gesehen: Die können auch anders. Bereitschaftspolizei, Trapo, was man vorher nie auf der Straße gesehen hat. Polizei, das war für mich der ABV um die Ecke. Aber nicht sowas. Dann stehen die plötzlich vor einem, man sieht in die Gesichter. Man hat die bequasselt, was sie da eigentlich machen, wieso, weshalb, warum. Aber die haben nicht zurückgeredet, durften die ja nicht. Man sieht da diese Leute auf einen zugewalzt kommen, war erstmal hilflos in der Situation. Beide Seiten hilflos. Die hatte man da wochenlang in den Kasernen gehalten, frei von den neuesten Nachrichten, mit täglicher Gehirnwäsche. Und nun staunten sie natürlich.

Im Frühjahr 1990 war ich mit meiner Ausbildung fertig, wollte aber nicht unbedingt Feinmechaniker bleiben. Erstmal war ich mit Freunden den ganzen Sommer auf Hiddensee zelten, schwer illegal. Im Herbst dann dieses von uns selbst organisierte Straßenfest im Holländerviertel. Und wir Besetzer haben auf diesem Flachdach gestanden, hatten gerade eine Band gegründet und da oben Musik gemacht mit Körbchen am Seil, darin landete dann irgendwelches Geld von den ersten West-Touristen. Davon haben wir gelebt. Ich hab damals Gitarre gespielt.

Im Dezember 89 haben wir das Haus besetzt. Auf dem Foto ist die Mannschaft, die dort wohnte. Wir sitzen auf einem Flachbau zwischen zwei Holländerhäusern, da waren ursprünglich Brandgassen, die sind zugebaut worden, schon vor der DDR, inzwischen aber wieder geöffnet im Zuge einer denkmalgerechten Sanierung. Benkert-/Ecke Mittelstraße, ein Lückenbau. Das Haus, auf dem wir da sitzen, gibt es nicht mehr.

Als Hausbesetzer hatten wir auch unsere politischen Ziele, erst Instandbesetzen, dann ging es gegen die Spekulanten, die gleich kommen würden. Das war halb ernst gemeint, halb war das auch Abenteuer: zu Hause raus und umsonst wohnen. In der Besetzerszene waren wir die Kleinen. Die meisten von uns kamen aus Kirchenkreisen, da gab's keine Gewaltandrohung. In den härteren Besetzerkreisen sind wir nicht wirklich ernst genommen worden. Als es dann jemanden gab, der meinte, es gehört ihm, sind wir da ziemlich freiwillig wieder ausgezogen. Unser Gedanke war: Wenn's jemanden gibt, der sich um das Haus kümmert, dann sind wir überflüssig.

Es gab eine wunderschöne Idee in dieser Zeit: ein Freundschaftsspiel der Fußballmannschaften Potsdamer Polizei gegen Hausbesetzer im Park Sanssouci auf der großen Wiese mit anschließender langer Tafel. Detlef von Schwerin war damals Polizeipräsident, sein Sohn war Hausbesetzer in der Mainzer Straße in Berlin. Dem haben wir das vorgeschlagen, und der hat gesagt: Ja, machen wir. Aber der härtere Rest der Potsdamer Hausbesetzer hat dann Nee gesagt. Das war »Anbiederung an den Klassenfeind«. Sehr schade. Sowas wäre damals möglich gewesen. Und nur damals. Dann hielten die neuen geordneten Verhältnisse Einzug.

Ich hab dann eine Weile im Fotoladen gearbeitet, mehrere Jahre, war die ganze Zeit mit irgendwelchen Bands unterwegs, bis ich nur noch das gemacht hab. Seit inzwischen dreizehn Jahren reise ich mit den Bands quer durch die ganze Welt. Anfänglich als Gitarrist mit der eigenen Band, dann als Techniker für andere Bands. Jetzt bin ich Bereichsleiter für Veranstaltungstechnik im »Waschhaus«.

Die Freunde sind inzwischen in die ganze Welt verstreut, man trifft sich einmal im Jahr. Man hört sich die Musik an, die man damals gemacht hat, erzählt von damals. Aber das hat nichts damit zu tun, dass man die Vergangenheit zurückhaben will. Das war unsere Jugend, eine besondere Zeit in jedem Leben. Der eigene Aufbruch, in diesem Fall vermischt mit einem anderen, gesellschaftlichen Aufbruch. Das richtige Alter und die passenden Umstände. Das war für uns die perfekte Variante.

Kai Dommert, geboren 1971 in Potsdam, damals Feinmechanikerlehrling, heute Veranstaltungstechniker, lebt in Potsdam.

Potsdam Mittelstraße, Holländisches Viertel, 26. Januar 2009

Antje Wiesigstrauch Eine unbeschreibliche Stimmung

Potsdam Platz der Nationen (heute Luisenplatz), 4. November 1989

Eigentlich kann einem ja nichts Besseres passieren, als dass mit der beginnenden Pubertät plötzlich die Revolution ausbricht. Das hat total zusammengepasst, das war eine wunderschöne Jugend für mich. Diese Offenheit, die plötzlich da war! Mit 14 hat man ja sowieso Lust, in die Welt zu strömen, und ich bin mit so einer schönen Offenheit ins Leben gelaufen. Dafür kam diese Umbruchszeit in Potsdam genau richtig. Für mich war es eine ganz schöne Zeit.

Auf diesem Foto stehe ich da sehr exponiert und selbstbewusst in der Menge, meine Mutter steht ein Stück entfernt. Durch meine Freunde, auch die Begegnungen in der Jungen Gemeinde, war ich politisch interessiert. Aber zu den Demonstrationen, auch in die Friedrichskirche in Babelsberg bin ich mit meinen Eltern gegangen. Dort gab's ja diese Gesprächsrunden ... Wenn ich's mir jetzt überlege: Mit vierzehn! Ganz schön zeitig. Mein ältester Sohn ist jetzt zehn, ich bin gespannt, was der in vier Jahren so macht. Nachträglich halte ich's für einen Glücksfall, dass ich so jung schon so dringesteckt habe in diesem Aufbruch.

Wir waren umgeben von freien Menschen, es gab gesellige Nachmittage, einen großen, engen Freundeskreis, eine Gesellschaft in der Gesellschaft. Nur in der Schule hab ich die hässliche DDR erlebt. Ein Junge aus meiner Klasse hatte sich mit irgendwelchen Nazis geprügelt; dann stand plötzlich die Stasi vor uns und veranstaltete ein widerliches Verhör: Wir sollten ihn sozusagen belasten. Zuletzt haben sie ihn abgeführt und in den Jugendwerkhof gebracht. Irgendwann stand der dann barfuß vor unserer Wohnungstür. War aus dem Werkhof abgehauen und hat bei uns Zuflucht gesucht. Das waren Momente, wo ich dachte: Was ist denn hier eigentlich los? Aber Angst hatte ich nie.

Ich hab nie Not gelitten im Osten, ich hatte dort auch eine schöne Kindheit, meine Eltern wären nie auf die Idee gekommen, einen Ausreiseantrag zu stellen – aber staatliche Repression war für mich auch erlebte Realität. Wir haben miterlebt, wie Freunde nachts von der Staatssicherheit abgeholt wurden, die Kinder blieben dann bei uns. – Seit meiner Kindheit hat mich dieser kritische Blick auf das System begleitet.

Ich erinnere mich nicht genau an den Moment, den das Foto festhält, an die Vortage schon. Meine Eltern waren fleißig dabei, Plakate zu schreiben, es war eine unbeschreiblich schöne Stimmung, daran erinnere ich mich genau. Auf einem stand: »Freie Wahlen, wahre Zahlen!« Das war damals unser Thema. Nach der Kommunalwahl im Frühjahr wurde ziemlich schnell bekannt, dass die eigentlich manipuliert worden war – mit 99,9 Prozent für das Regime. Dazu gab's in unserer Schule auch eine kontroverse Diskussion. Wir saßen im Chemieunterricht, unsere Chemielehrerin war gleichzeitig unsere Direktorin. In dieser Chemiestunde kamen wir also auf die Wahlen zu sprechen. In meiner Klasse waren außer mir noch zwei Schüler, die aus systemkritischen Familien kamen, und wir haben in dieser Stunde ganz offen davon gesprochen, dass da eine Wahlmanipulation stattgefunden hat. Und diese Frau war völlig aus dem Häuschen! Sie hat uns des Raumes verwiesen und gesagt, das müsste eigentlich noch ganz andere Konsequenzen haben, einen Tadel, wenn nicht Verweis.

Und später dann, als das ganze System ins Wanken kam und am 9. November die Mauer gefallen war, da stand sie wieder vor uns und meinte: Sie wolle sich bei uns entschuldigen, das habe sie nicht gewusst und auch nie für möglich gehalten. Stand da und hatte Tränen in den Augen: Sie sei ja mit Scheuklappen durchs Leben gegangen. Ich war damals relativ fassungslos über so viel Naivität.

Am 9. November war ich im Blauhaus, da gab's eine Veranstaltung zur Reichskristallnacht, ich kam nach Hause, meine Schwester sagte: Die Mauer ist gefallen. Für mich war das eine eher emotionslose Angelegenheit. Die Mauer hatte mich bisher noch nicht sonderlich gestört. Sie gehörte einfach dazu. Ich bin am nächsten Morgen brav zur Schule gegangen und hab da erst mitbekommen, dass die Hälfte der Schüler fehlte.

Diese Glitzerwelt tangiert mich bis heute nicht unbedingt. Ich hab damals zwar mitbekommen: Das riecht hier alles anders. Aber nicht so, dass ich gedacht hab, es riecht schöner oder besser ... Mich hat das eher alles erschlagen, die doppelt vollen Kaufhäuser. Aber ich musste ja nicht auch noch da rein. Die Mauer war auf, ja, schön, ich konnte jetzt zu meiner Tante in Steglitz, aber so wichtig war mir das auch nicht. Der 9. November und alles, was danach geschah, war für mich zwar aufregend, aber auch irgendwie folgerichtig. Es hat mich nicht sonderlich überrascht. Ich hab das nicht als etwas sensationell Einzigartiges wahrgenommen, sondern so: Na ja, das muss doch so sein, ist doch in Ordnung, nun wundert euch doch nicht so darüber.

Im Osten hätte ich kein Abitur machen können, ich war nicht in der FDJ. Ich hatte mich am Josefs-Krankenhaus um eine Ausbildung zur Krankenschwester beworben. Aber die politischen Veränderungen brachten es dann mit sich, dass auch ich das Abitur machen konnte. Das passte in dem Augenblick, meine Freunde und Freundinnen sind alle zum Abitur gegangen. Ich hab also mein Abi gemacht an diesem Oberstufenzentrum in der Berliner Straße.

Eigentlich wollte ich Restaurierung studieren, eine handwerkliche Ausbildung war dafür Voraussetzung. Ich hatte mich auch bei verschiedenen kleinen Handwerksbetrieben beworben, aber die sagten: Nee, Frauen sind Zeitbomben, die kriegen irgendwann Kinder und sind dann für das Handwerkerleben nicht mehr zu gebrauchen. So bin ich dann in das wilde Hausbesetzerleben gerutscht, immer von einer WG in die andere gezogen. Ich hab mein Leben gelebt. Auf eine für mich wunderschöne Weise. Ich war nie allein. Wir haben zusammen gekocht, sind bis spät nachts in die Kneipen gegangen, haben wahnsinnig viel geredet ... Mit verschiedenen Jobs hab ich mich finanziert. So hab ich mich in den Neunzigern durchs Leben manövriert.

Mein Stiefvater hatte immer große Probleme mit meiner Lebensweise. Der hatte immer seine Büroarbeit, aber im Grunde wenig zu tun. Nun ist er arbeitslos und muss lernen, mit dieser neuen Freiheit klarzukommen. Das hab ich ihm voraus.

Was wäre aus mir geworden, wäre die Mauer nicht gefallen? – Vielleicht hätte ich auch irgendwann nur noch raus gewollt. Im

Rückblick weiß ich, dass es ein sehr geschichtsträchtiger Moment war, der mir aber damals nicht so vorgekommen ist, weil ich einfach im prallen Leben stand. So waren diese neunziger Jahre tatsächlich eher ein »Leben mit mir«. Manchmal für andere, aber nicht für die große Masse. Für mich fühlte sich das »richtig« an.

Mein Erwachsenwerden war vor allem von der neuen Freiheit geprägt, dann lernte ich 1997 meinen Mann kennen, inzwischen haben wir drei Söhne. Das Leben ist sehr turbulent geworden, aber nicht eng, es findet immer noch mitten in Potsdam und in dem großen Freundeskreis statt. Einen Traum hab ich auch: die eigene Keramikwerkstatt, aber das ist Zukunftsmusik.

Antje Wiesigstrauch, geboren 1975 in Potsdam, damals Schülerin, heute Mutter von drei Söhnen, lebt in Potsdam.

Potsdam Luisenplatz, 15. Februar 2009, mit den Söhnen Leo, Albert und Heinrich

Stephan Lück Ich fühl mich immer fremder in der Stadt

Potsdam Klement-Gottwald-Straße (heute Brandenburger Straße), 18. November 1989

Ich komme aus einem christlich-humanistischen Elternhaus, mein Vater hat bei der Kirche gearbeitet. Ich wollte nicht zur Armee gehen, und ohne Armee konnte man auch kein Abitur machen. Ich hab dann Krankenpfleger gelernt, wurde gemustert und gefragt, ob ich länger dienen will. Da hab ich geantwortet, dass ich mir nicht vorstellen kann, in irgendeine Kaserne zu gehen. Da gab's natürlich großes Theater, sie haben mich gezwungen aufzuschreiben, dass ich Bausoldat werde.

Es gab in der DDR Sachen, die einen massiv gestört haben, Zensur zum Beispiel, dass es keine Pressefreiheit gab. Aber über Geld musste ich in der DDR nie nachdenken. Ich hab meine 700 DDR-Mark gekriegt als Krankenpfleger, hab 16 Mark Miete bezahlt und hatte keine Ansprüche, mir groß was zu kaufen. Ich bin gut klargekommen und hab mich in der DDR nicht unwohl gefühlt. Man hatte keinen Stress, ich hatte viel Zeit, hab nie so viel gelesen wie damals. Hab mit vielen Leuten was gemacht, man hat sich getroffen. Man war viel unterwegs. Ich hatte kein negatives Lebensgefühl in der DDR, war vielleicht auch nicht so frustriert, wie es andere waren. Weil ich ja keine Karriere machen wollte. Und natürlich, weil ich jung war. Diese Zeit ohne Existenznöte erscheint mir heute als eine besondere Form von Freiheit. Wir konnten unser Leben selbst erfinden – auf eine Weise, die heute kaum mehr denkbar ist.

Das Foto zeigt mich, als ich 21 bin. Das hat eine Vorgeschichte: Seit ein paar Jahren schon hatten wir uns getroffen und überlegt, was man verändern kann, auf den verschiedenen Gebieten. Auch in verschiedenen Gruppen, ob das jetzt innerhalb oder außerhalb der Kirche war. Ich hab mich da engagiert. Und als dann die Wende kam, war ich natürlich dabei. Ich wollte unsere Bewegung nicht so politisch einschränken aufs »Neue Forum« oder »Demokratie Jetzt«, ich wollte diese breitere Basis der Bürgerbewegung erhalten. Parteiendenken war uns fremd, wir wollen keine »Zuschauerdemokratie«, die Demokratie von unten, die wir in diesem Jahr 89 lebten, schien uns ein Musterbeispiel von Basisdemokratie

Es ging uns damals auch um die elementaren bürgerlichen Grundrechte: Pressefreiheit, Redefreiheit, Versammlungsfreiheit. Aber wir wollten eine andere Gesellschaft als die westdeutsche. Wir hatten vielleicht etwas verschwommene, aber doch auch sehr ernst gemeinte Vorstellungen von einem Dritten Weg zwischen den beiden Systemen, die wir kannten.

Potsdam hat sich enorm verändert seit dem Mauerfall. Die Sozialstruktur. Meine Mutter war hier im Holländischen Viertel Ärztin, von 1963 an bis Mitte der Neunziger. Jetzt wohnt hier kein einziger ihrer Patienten mehr! Hier hat sich ein ganz neues Milieu etabliert: nur noch Leute, die es sich leisten können. Potsdam entwickelt sich zu einer reinen Wohnstadt mit Vorortcharakter. Leute, die nicht so viel Geld haben, auch alternative Lebensformen bevorzugen, die können hier nicht mehr sein. Und das sind die Leute, unter denen ich mich wohlfühle. Neudeutsch: Gentrifizierung, das ist eine Sache, die mich traurig macht. Man ist auf der Suche nach einem neuen Umfeld. Man fühlt sich nicht mehr wohl, das ist nicht das Milieu, das man kannte. Ich fühl mich immer fremder in der Stadt, die ja eigentlich meine Heimat ist. Weil die Stadt immer schicker wird, immer bürgerlicher. Klar führe ich jetzt auch ein bürgerliches Leben, aber das ganze Standesdenken lehne ich ab.

Die Leute, mit denen ich mich bis heute verbunden fühle, die stammen aus dem Milieu von damals, aus der Wendezeit. Die meisten waren enttäuscht, als sich das alles so relativ schnell auf die staatliche Einheit zubewegt hat. Unsere Bewegung war also nicht von langer Dauer. Und ich dachte: Klar, Abitur nachmachen, das ist schon okay. Hab mein Abi nachgemacht von 1990 bis 1993 in der Erwachsenenbildung. Ich wollte eigentlich Politik oder Geschichte studieren. Oder Psychologie. Ich war ja ausgebildeter Krankenpfleger. Hab damals noch ein Jahr in der Psychiatrie gearbeitet, und da kam mir dann erst die Idee, Medizin zu studieren. Die Geisteswissenschaften, auch die Psychologie interessierten mich zwar sehr, schienen mir als Beruf aber weniger geeignet. Ich hatte die Erfahrung gemacht, Menschen ganz praktisch helfen zu können. Dafür schien mir das Medizinstudium am ehesten geeignet. Ich bin auch in solchen »großen Entscheidungen« immer ein spontaner Mensch gewesen ...

Schön waren die Abiturjahre in Berlin-Schöneberg. Interessante Leute, die aus der bayerischen und schwäbischen Enge ins brodelnde Berlin gekommen waren. Wir haben viel gefeiert. Ich hab mich damals vielen, die aus dem Westen kamen, näher gefühlt als den Ostlern. Es gibt überhaupt viel mehr Gemeinsamkeiten als Unterschiede zwischen Ost und West. Warum muss man die Unterschiede immer so hervorheben? Der Neidfaktor, die neuen sozialen Gegensätze – alles Sachen, die mit den Menschen an sich nichts zu tun haben. Es ist vor allem bequem, Leute, die man nicht kennt, auch heute noch nach ihrer Ost- oder Westherkunft einzuordnen anstatt sie kennenzulernen. Außerdem lassen sich diese Klischees natürlich politisch instrumentalisieren.

Die ganze Bürokratie, die Profitorientierung im Gesundheitswesen ... Dem muss man sich jetzt beugen, ob man will oder nicht. Heute gibt es aber auch Dinge, die ich sehr genieße. Zu verreisen, zum Beispiel. Selbst ein Auto zu haben, finde ich auch angenehm. Obwohl ich's selten nutze.

Es hätte an meinem Lebensweg nicht viel geändert, wenn ich nicht in Potsdam gewesen wäre zu dieser spannenden Zeit, sondern zum Beispiel im Ausland. Ich hätt's aber schade gefunden, wenn ich nicht dabei gewesen wäre. Ich empfinde es als einen glücklichen Umstand, in meiner Generation zwei so unterschiedliche Systeme hautnah erlebt zu haben. Ich bedauere nicht, in der DDR aufgewachsen zu sein, und bin froh, die Wende erlebt zu haben. Ich bin gern Arzt, auch wenn mir in diesem Beruf zu wenig Zeit für andere Dinge bleibt, für meine Familie zum Beispiel. Meine Frau und meine beiden Töchter sind mein eigentlicher Lebensmittelpunkt. Die Kinder sind jetzt fünf und acht Jahre alt, dass ich sie beim Heranwachsen begleiten kann, empfinde ich als großes Glück.

Stephan Lück, geboren 1968 in Potsdam, damals Krankenpfleger, lebt heute als Arzt in Potsdam.

Potsdam Brandenburger Straße, 13. Februar 2009

Katharina Raßbach Hab das im Vorbeilaufen so mitgenommen

Potsdam Mittelstraße, Holländisches Viertel, mit Sohn Benjamin, 29. April 1990

Ich war schon dabei, aber auch wieder nicht zu sehr. Das hat mich eher überrascht alles. Was dieses Jahr 1989 überhaupt bedeutete, hab ich damals gar nicht so mitbekommen. Ich war vor allem mit mir und meinem Kind beschäftigt. Mit 17 ein Kind zu kriegen, dann ein Studium anzufangen und wieder abzubrechen ... Da hat man genug eigene Probleme. Ich war damals politisch nicht interessiert. Ich war 20.

Mein Vater war Lehrer an der EOS in Waren/Müritz und flog 1984 aus der Schule wegen seiner politischen Einstellung, aus der er auch vor den Schülern keinen Hehl gemacht hat. Er hat dann keine Stelle mehr an einer staatlichen Schule bekommen, hat auf dem Bau schwarzgearbeitet, hat Artikel für die Kirchenzeitung geschrieben, war auch eine Zeit lang bei der Kirche angestellt, damit wir überhaupt wieder eine Krankenversicherung hatten. Einen Ausreiseantrag wollte er nicht stellen, aus Prinzip. Mein Vater war überzeugt, dass er hier was ändern muss, an Ort und Stelle. Für uns Kinder war das nicht ganz einfach. Weil meine Eltern meinten, es sei in der ersten Klasse noch zu früh für mich, durfte ich erst ein Jahr später zu den Pionieren gehen und fand das richtig doof. Alle waren Pionier, und ich nicht. Als ich dann mein blaues Pionierhalstuch bekommen habe, war ich sehr stolz. Man wollte doch auch dazugehören, nicht ausgeschlossen sein. Wir wussten, dass unsere Schule nur ein notwendiges Übel für die Eltern war. Aber sie haben sich in ihren politischen Äußerungen uns gegenüber bedeckt gehalten, um uns nicht zu gefährden. Das war ein bisschen schwierig für uns – zwischen Elternhaus und Schule. Als mein Vater dann entlassen war, sind wir ungern zum Staatsbürgerkundeunterricht gegangen, meine Schwester und ich, weil die Lehrerin uns gern schikaniert hat. Sie wusste, wer unser Vater ist, und hat vor der Klasse ihre spitzen Bemerkungen gemacht zu seinem politischen Verhalten.

Mein Vater war vier Jahre arbeitslos, bevor er hier in Potsdam am evangelischen Gymnasium, damals kirchliches Oberseminar Hermannswerder, wieder eine Stelle bekam. So kamen wir 1986 nach Potsdam. Unter diesen familiären Voraussetzungen kam das Abitur für uns sowieso nicht infrage. Aber damals konnte man auch ohne Abitur Musik studieren.

Die Musik war von Kindheit an meine zweite Pflicht neben der Schule, ich war an der staatlichen Musikschule, und das hieß: dreimal die Woche Unterricht und jeden Tag stramm üben – das Instrument war meine Freizeitbeschäftigung. Durch diese intensive Ausbildung war klar: Ich versuche, einen Musikstudienplatz zu finden. Das schaffte ich dann auch, in Leipzig, wo auch meine Schwester Musik studierte.

Aber die Bratsche – das war eigentlich nicht meins, was mir damals nicht so bewusst war, als ich damit angefangen habe, aber nach zwei Jahren Studium schon. Ich hab mich damit rumgequält und irgendwann hingeschmissen, was ich bis heute nicht bereue. Insofern war dieses Jahr 89 auch für mich ein Jahr des Umbruchs, in meiner Wahrnehmung allerdings eher ein privater Umbruch: Vielleicht war ich deshalb nicht so völlig involviert in die politischen Bewegungen, die auf der Straße stattfanden.

Das Foto zeigt diese Distanz ganz anschaulich. Ich stehe da und sehe zu. Interessiert, aber nicht ganz beteiligt. In diesem Jahr 1989 wurde mir klar, was ich nicht wollte. Aber ich stand auch vor der Frage: Was mach ich jetzt? Ich war aus Leipzig wieder nach Potsdam zurückgekehrt. Ich war bei der Berufsberatung, und überhaupt auf der Suche: nach einer beruflichen Perspektive, nach einem Job, einer Wohnung ... Ich hing ein bisschen in der Luft. Was mich auf der Erde hielt, war mein Kind. Auch das ist auf dem Foto zu sehen.

Ich hab auch, als ich noch in Leipzig war, diese Montagsdemos mitgemacht. Aber das hat mich nicht so wahnsinnig mitgerissen. Ich wusste schon, was mir nicht gefällt an der DDR. Aber ich wäre nie auf die Idee gekommen, einen Ausreiseantrag zu stellen. Oder mich wirklich in einer oppositionellen Bewegung zu engagieren. Dafür war ich damals viel zu sehr mit mir selbst beschäftigt.

Der Vater meines Sohnes ist übrigens auch auf dem Foto, er steht hinter uns. Durch seine Vermittlung kam ich dann in den evangelischen Kindergarten Friedenshaus, die suchten jemanden ohne Ausbildung, und ich konnte dort anfangen. Ich hab zweieinhalb Jahre in diesem Kindergarten gearbeitet und gemerkt: Das ist es! Die Arbeit mit den Kindern ist genau mein Ding. Ich bin dann richtig eingestiegen, hab die Ausbildung gemacht, dann allerdings schon im »Westen«, in Berlin-Grunewald. Ich war fasziniert, von den vielen verschiedenen pädagogischen Modellen und von den Möglichkeiten, meinen eigenen Weg zu finden in meiner Arbeit mit Kindern. Da tat sich etwas auf für mich, die ich Pädagogik nur aus der DDR kannte. Ich hab damals viele Bücher verschlungen und gemerkt, wie mich dieser Stoff fasziniert und begeistert. In der Erzieherausbildung wird ja alles nur angerissen, ich hab das vertieft, mich weitergebildet, weil es mich wirklich interessiert hat. Das war genau meins. – Ich hab dann meinen eigenen Stil gefunden und mache jetzt Integrationspädagogik in Berlin. Ich arbeite mit gehörlosen Kindern und bin dabei, mir die Gebärdensprache anzueignen.

Ich wollte schon auf der Straße dabei sein in diesem Jahr 1989, hatte aber immer auch das Gefühl, dass ich nicht wirklich die Zeit habe, mich intensiver damit zu beschäftigen. Hab das im Vorbeilaufen so mitgenommen, musste mich dann aber schon wieder mit meinen eigenen Dingen beschäftigen. Ich bin auch nach der Maueröffnung nicht gleich in den Westen gefahren. Irgendwann mal, ja. Aber ich weiß gar nicht mehr, wann das war. Ich find das heute selbst etwas rätselhaft. Es war mir nicht wichtig. Mein Kind war mir wichtig, und ich hatte damit zu tun, rund um die Uhr.

Mein Sohn studiert jetzt in Marburg Religionswissenschaft. Er ist weltoffen, immer unterwegs, er wandert viel. Dieses »Heimatgefühl« braucht er nicht so wie ich. Er ist jetzt 22 Jahre alt, und ich bin sehr stolz auf ihn.

Katharina Raßbach, geboren 1969 in Waren/Müritz, damals Erzieherin ohne Ausbildung, heute ausgebildete Erzieherin, wohnt in Potsdam.

Potsdam Mittelstraße, Holländisches Viertel, mit Sohn Benjamin, 13. April 2009

Peter Piesker Das wäre ein Blutbad geworden

Potsdam Polizeiwache Nord, 10. November 1989

In der Wendezeit haben wir vom Politstellvertreter schon die Linie gekriegt, was das für Leute wären in dieser Bürgerbewegung … Aber wer gesunden Menschenverstand hatte, der konnte sich sein eigenes Urteil bilden. Und dann kam es für uns zunehmend darauf an, in unserem Verhalten den goldenen Mittelweg zu finden zwischen den Leuten auf der Straße und unserer Regierung, die immer hilfloser reagierte. Wir haben ja auch gemerkt: Hier stimmt was nicht, das geht so nicht weiter.

Als das am 7. Oktober auf der Brandenburger losging, hab ich geschlafen, ich hatte Nachtdienst gehabt. Das Telefon klingelte, ich musste sofort zur Dienststelle, das war um 12 Uhr am Sonnabend, und wir durften nicht mehr nach Hause bis Montag. Wir waren kaserniert, weil das ja auch in Leipzig immer mehr Leute wurden. Da wollten sie ja erst mit Gewalt vorgehen, aber Krenz hat dann doch die Bremse gezogen. Man hatte schon mit dem Schlimmsten gerechnet, damit, dass das überschwappt und dann so groß wird. Das wäre ein Blutbad geworden. Das konnte man sich international nicht erlauben. Offiziell war ja für uns Westfernsehen verboten, aber in dem Moment hat sich keiner mehr dran gestört, wir wussten also, was da auf dem Spiel steht. Wir hatten uns auch darauf eingestellt, mit Waffengewalt durchzugreifen. Wir hatten auch Maschinenpistolen, die Polizei war ja ins Verteidigungssystem integriert.

Auf dem Foto: Das sind alles Bürger, die ein Visum beantragen. Das war am 10. November. Schabowski hatte ja am Abend vorher gesagt: Visum. Und wir haben – weil ja keiner wusste, wie es nun sein sollte – erstmal Stempel reingehauen. Nur den Stempel mit Datum versehen, dann war das Visum ein halbes Jahr gültig. Eine lange Schlange stand bis runter zum Stadthaus. Die haben wir in der Meldestelle abgefertigt, und dann zusätzlich draußen im Garten. Sonst wären wir nicht nachgekommen. Das sind alles Polizisten, Schutzpolizisten und ABVs, die sitzen im Garten der ehemaligen Polizeiwache Nord, Reiterweg/ Ecke Alleestraße. Ich hab den Ablauf organisiert.

Ich war auch dabei, als die Glienicker Brücke aufgemacht wurde. Zuerst mussten wir die Leute ja zurückschicken, weil das der Alliiertenübergang war. Aber dann war es so weit. Wir haben dafür gesorgt, dass es da nicht drunter und drüber geht, dass die sich nicht gegenseitig umfahren. Das war ein Gejohle und Gemache. Und dann sind wir auch mit rübergegangen, sollten wir zwar nicht, aber: Was soll's. Die Messe war sowieso gesungen. Auf der Berliner Seite stand ein Bulli von der West-Polizei, die haben uns gleich mit Handschlag begrüßt, und die Leute haben gejubelt. Die Russen waren noch auf der Brücke und hatten zu tun, alles beiseitezuräumen, die Schikanen auf der Straße. War Jubel, Trubel auf der Brücke. Da gab's ja die große Verbrüderung, wir haben nur darauf geguckt, dass sie sich nicht die Autos kaputtgemacht haben, wenn sie sich da gegenseitig aufs Dach gehauen haben. Das ging eine ganze Weile, aber allmählich zog dann auch Ruhe ein.

Am 5. Dezember 89 war ich in der Hegelallee, der Bezirksdienststelle des MfS, die wurde von den Leuten gestürmt, da wurde Unordnung gemacht. Wir mussten hin, haben die Leute zur Ordnung aufgerufen, dass sie nicht alles kaputtmachen, dass die

Straße frei bleibt, nicht der Verkehr behindert wird. Da kam der Bezirkschef, hat gesagt, wir sollen räumen. Eigentlich wollte er, dass wir die Leute da vom Gelände runterdrängen. Wir waren aber bloß fünf Polizisten. Ich hab das zur Kenntnis genommen, hab meine Polizisten gerufen, hab gesagt: Der Chef hat gesagt, wir sollen gehen. Da haben die Leute alle Beifall geklatscht. Die Leute haben gejubelt und haben gemerkt, die Polizei steht auf unserer Seite. Und ich bin losgegangen mit meinen Polizisten. Und hab noch gedacht: Na, hoffentlich geht das gut.

Für uns war's ja schwer, eine ganz neue Situation, niemand wusste, wie geht's denn nun weiter. Die Vorgesetzten im VPKA, die wussten auch nichts. Und wir mussten uns schnell anpassen. Dann gab es eine neue Regierung, und wir fragten uns: Wie geht's denn nun mit uns weiter. Erst Modrow, dann de Maizière. Wir wurden alle geprüft. Mussten 45 Fragen beantworten. Auch, was wir mit der Stasi zu tun hatten. In Führungsfunktionen war das normal, es war vorgeschrieben, dass wir mit denen zusammenarbeiten. Und wenn du das angegeben und die Fragen ehrlich beantwortet hast, ist dir nichts passiert. Außer, wenn du jetzt unterschrieben hattest bei denen. Dann wurde eine Einzelfallprüfung vorgenommen.

Im Januar 91 kamen dann die Rückantworten, wir waren natürlich alle sehr gespannt. Und die Reihen lichteten sich, einige Kollegen verschwanden von sich aus, bevor die Überprüfung abgeschlossen war. So haben wir mitgekriegt, dass die noch ein zweites Arbeitsverhältnis hatten. Einige sind auch vorzeitig in den Ruhestand gegangen. Bei mir stand geschrieben: »Die Durchsicht der von ihnen eingereichten Unterlagen hat keine Anhaltspunkte ergeben, die nach dem Einigungsvertrag eine außerordentliche Kündigung begründen würden.« Damit war man sozusagen übernommen.

Manche Westkollegen haben uns nicht gerade ermutigt, die waren überheblich und haben so getan, als müssten sie uns die Polizeiarbeit erst beibringen. Aber wenn sie zu weit gegangen sind, haben wir auch Kontra gegeben. Bei einer Schulungsveranstaltung sind wir nach und nach ausgerückt, weil wir uns das nicht mehr anhören wollten. Wir lassen uns nicht für dumm hinstellen.

In der Übergangszeit hatten die Leute so eine Haltung: Was wollt ihr denn, ihr habt gar nichts mehr zu sagen. Die dachten: Die Ost-Polizei hat nichts mehr zu melden. Da musste man resolut sein. Und die Zähne zusammenbeißen. Das war nicht leicht. Aber wir haben uns durchgesetzt.

Dortustraße 65 war das Haus Nummer eins der Besetzerszene, das wurde dann auch von der Stadt geduldet. Ich war ja nun derjenige welcher, der da öfter hindurfte, und wenn ich eine Dreiviertelstunde da war, dann war Ruhe gepfiffen in dem ganzen Ding. Einmal hat's mir gereicht, da hab ich dann doch einen Verantwortlichen von denen gefunden, hab mich mit dem zusammengesetzt. Wir saßen in einer dieser Wohnungen bei ner Flasche Bier und haben verhandelt. Offiziell war das nicht korrekt, aber ich dachte: Irgendwie musst du hier Ruhe reinkriegen. So. Beim nächsten Mal sind andere Kollegen aufgetaucht, da haben die gerufen, ich soll kommen, ich hab mit denen wieder verhandelt, und die Sache war geklärt.

Ich bin 1990 von Peter Michael Diestel noch zum Hauptkommissar befördert worden. Und als solcher bin ich dann auch in den Ruhestand gegangen. Die neuen Gesetze allerdings, die hatte man so schnell nicht im Kopf und hat dann teilweise aus dem Bauch entschieden. Wir mussten die Unterstellten schulen, obwohl wir den Stoff auch noch nicht verdaut hatten. Wir mussten uns in der Freizeit selber erst belesen. Aber der Polizeidienst selbst hat sich so grundlegend nicht geändert. Auch privat gab es viel zu lernen in den neuen Zeiten, aber zuletzt hat doch das meiste so geklappt, wie wir es uns vorgestellt hatten: Unsere vier Kinder haben Arbeit gefunden oder studieren noch. Und unser lang gehegter Traum, das eigene Haus, ist inzwischen auch Wirklichkeit geworden.

Peter Piesker, geboren 1948 in Brandenburg/Havel, damals Oberleutnant der Volkspolizei, lebt heute als Polizeihauptkommissar a. D. in Werder/Havel.

Anke Lehmann Ich hatte kein gutes Gefühl mit dem Westgeld

Potsdam Brandenburger Tor, 23. Juni 1990

Das Jahr 89 fing schon im Winter heftig an. Es gab ja 88 schon einige Vorfälle, die Luxemburg-Demo, wo Leute verhaftet worden sind, es sickerten Gerüchte durch von Internierungslagern und dass sie die entsprechenden Leute schon durchnummerieren. Und dann kam die Kommunalwahl, der große Einschnitt. Wir sind in der ganzen Stadt zählen gegangen und haben rausbekommen, dass die Wahl gefälscht war. Die Wahl war ja öffentlich, wir haben uns in den Wahlbüros angekündigt und haben die Wähler in Stichproben befragt. Es gab ein paar kleine hektografierte Kirchenblättchen, da haben wir die Ergebnisse publiziert. Diese Blättchen waren dann ganz abgegriffen, weil sie von Hand zu Hand weitergegeben wurden.

Die Kommunalwahl war am 7. Mai, und an jedem Monatssiebten haben wir uns am Alex an der Weltzeituhr getroffen, um an diese Fälschung zu erinnern. Ich war zweimal dabei. Damals haben sie sich mit der offenen Repression noch zurückgehalten. Sie wollten uns nicht öffentlich verhaften. Sie haben versucht, das möglichst unauffällig abzuhandeln. Lieber haben sie die Leute eingeschüchtert durch ständige Vorladungen oder Besuche am Arbeitsplatz. So wollte man die Aktiven isolieren und Ängste verbreiten. Wir haben versucht, diese Isolierungstaktik zu durchbrechen, indem wir zum Beispiel niemanden mehr allein zum Verhör gehen ließen. Es kamen immer drei, vier Leute mit, blieben bis zum Ende der Vernehmung im Warteraum und ließen sich auch nicht abwimmeln. Und dann ging's ja richtig los mit den politischen Veränderungen: 7. Oktober, große Demo in Berlin, wir waren aber in Potsdam und sind natürlich ins Gewusel reingeraten. Da standen die armen Neubrandenburger Bullen, die hatten sie hergekarrt, damit sie nicht auf ihre eigenen Frauen und Kinder einschlagen müssen. Standen da in ihren Sommeruniförmchen, vor diesen beeindruckenden LKWs mit aufgeschraubten Zaunfeldern und den Schneeschiebern unten dran. Sehr provisorisch. Wir haben gesehen, wie schnell das zusammengezimmert war, dass sie überhaupt nicht vorbereitet waren auf so einen Aufstand. Als sie dann anfingen, in die Menge reinzuprügeln, musste ich zusehen, dass ich noch wegkomme.

Im Grunde waren es dann nur noch vier Wochen bis zum 9. November. Und die hab ich als Aufbruchszeit, als wirkliche Wendezeit erfahren. Das war die Zeit, als die Köpfe rollten, als die Leute reihenweise zurückgetreten sind. Und es war die Zeit, als die Leute sich morgens in der Straßenbahn Zeitungen vorlasen, die unterschiedlichen Versionen, die es da plötzlich gab. Zeitungen waren damals schnell ausverkauft. Wildfremde Leute diskutierten miteinander, überall, wo sich die Gelegenheit ergab. Auch lange und ausführlich. Alle Altersgruppen. Ein ganz erstaunliches Phänomen. Und eine wahnsinnig spannende Zeit.

Am Schlaatz gab's Leute, die zweimal die Woche ihr Wohnzimmer aufgemacht haben für die Nachbarn, zum Diskutieren: »Offenes Wohnzimmer«. Sie haben Kaffee und Kuchen hingestellt und die Nachbarn eingeladen zum Diskutieren. In unserm Haus war das auch so. Ich hatte einen Mitbewohner im Haus, der wohnte eine Treppe unter mir, der war gerade bei der Armee, dort haben sie einen Soldatenrat gebildet. Ich bin nach Belzig oder Beelitz, wo das war, und hab mir das angeguckt. Und da haben die echt zweieinhalb Stunden diskutiert und haben angefangen, diesen Soldatenrat zu bilden. Eine völlig irre Zeit. Ganz viel Selbstorganisation, künstlerische Sachen auch. Leute, die ich seit Jahren nur versoffen und apathisch kannte, die lebten plötzlich auf. Einer hat bunte Blumenkästen auf Fotos von alten Häusern gemalt. Der hatte lange nichts mehr zustande gebracht.

Dann kam der 4. November. Erst die Demo in Berlin, dann die in Potsdam, ich hab beide mitgemacht. Die Berliner Demo war gigantisch. Diese witzigen Transparente, die Reden auf dem Alex. Dieses: Schon klar reden, aber immer noch in der verklausulierten Sprache ... Da bin ich mit einem Transparent rumgelaufen: »Für eine angstfreie Gesellschaft«.

Mit dem 9. November war's dann vorbei. Die Leute waren im Westen und haben eingekauft, die Luft war raus. Die ganze Dritter-Weg-Stimmung war weg. Mit einem Schlag. Am 9. November abends hab ich zufällig den Fernseher eingeschaltet, da war nur noch hysterisches Gekreische im Bild, die haben überhaupt nicht mehr gesagt, was los ist. Nur diese kreischenden Menschen: »Wahnsinn, Wahnsinn!!!« Allmählich haben wir mitgekriegt, was passiert ist.

Ich bin dann mit Freunden rübergefahren. Das Auto war proppenvoll, wir killten Sektflaschen und stießen an, und ich war so ein bisschen – reserviert. Hab mich am Zoo vor so einem Süßwarenladen ausladen lassen, ich stand vor diesem Schaufenster, guckte da so rein ... Da waren Pralinen in der Auslage, ein Sack weiße Pralinen so hingekippt, ein Sack schwarze Pralinen so hingekippt und ein Sack hellbraune Pralinen hingekippt, und das war's. Das war insgesamt so eklig, so überviel, ich musste an das Märchen vom süßen Brei denken. Und ich wusste von Anfang an: Westberlin ist nicht meins. Ab März 90 war ich hauptberuflich im neu gegründeten Frauenverband. Die Modrow-Regierung hatte beschlossen, dass alle neuen Gruppierungen in die Lage versetzt werden müssen, den Wahlkampf gleichberechtigt mit der alten Partei zu führen, dadurch hatten wir Geld und konnten eine Stelle einrichten. Das hab ich dann gemacht.

Das Foto stammt vom Juni 1990, das war nach dem Kommunalwahlkampf. Eine Demo. Es waren viele Leute da, und ich musste reden. Ich hab eine Rede zum § 218 gehalten. Damals deutete sich etwas an, was ich verhindern wollte, ich dachte: Jetzt gehen sie uns an den Bauch. Das Recht auf Abtreibung – das war damals ein wichtiges Thema für mich.

Später hab ich Jura studiert, 95 angefangen, 98/99 unterbrochen, bin nach Köln gegangen, hab als Kletterlehrerin gearbeitet und in einem Anwaltsbüro, hab Politik gemacht, halb Europa abgeklettert, bin sehr viel gereist, von Köln kommt man ja schnell nach Frankreich. In Frankreich hab ich gekocht für ziemlich gutes Geld. Das waren 16-Stunden-Tage, 7 Tage die Woche. Nicht nur kochen, sondern für die Gäste da sein: Ich hab denen jeden Abend zu jedem Gang eine Geschichte erzählt. Jetzt bekomme ich eine Weiterbildung zur Berufsbetreuerin, das ist das Beste, was ich aus meinem Jurastudium machen kann. Existenzangst hatte ich nur an dem Tag, an dem bei uns das Westgeld ausgeteilt wurde. Alle wussten: Mit der D-Mark kriegt jeder den Platz in der Gesellschaft zugewiesen, der seinen Marktwert ausmacht. Und der bleibt es dann. Und alle haben gedacht: Mich wird's schon nicht treffen. Jeder hatte seine eigene Strategie gegen die Existenzangst. An dem Tag, als das neue Geld ausgeteilt wurde, bin ich mit meinem Rad zur Post gefahren, wollte mein erstes Geld abholen, 200 D-Mark, und da hatte ich Existenzangst. Und hab mich bei denselben Gedanken ertappt: Du bist jung und kannst ganz viel, kochen muss man immer ... Ich hatte kein gutes Gefühl mit dem Westgeld.

Und jetzt zerlegt sich der Kapitalismus genauso wie damals die DDR, ich weiß nur nicht, ob das so friedlich abgeht, denn diesmal geht's um was.

Anke Lehmann, geboren 1966 in Kleinmachnow, damals Landesgeschäftsführerin des Unabhängigen Frauenverbandes, heute Köchin, lebt in Potsdam.

Günther Krause Ohne Kampf kein Sieg – und nicht jeder kann gewinnen

Berlin-Mitte Staatsoper unter den Linden, Festakt zum Einigungsvertrag, 31. August 1990
(v. l. n. r.: Wolfgang Schäuble, Lothar de Maizière, Günther Krause)

Am 19. März 1990, früh um 7 Uhr, klingelt das Telefon – 7.15 Uhr hatte ich meine Vorlesung –, Lothar de Maizière war am Apparat: »Günther, du musst unbedingt nach Berlin kommen.«

Ich war damals Dozent an der Hochschule Wismar, bin also zu meinem Rektor, hab mich von den Studenten verabschiedet und bin am nächsten Tag nach Berlin gefahren. Dort haben wir im Ledigenwohnheim für die Stasi-Unteroffiziere gewohnt, furchtbar. Und wir haben begonnen, die neue Regierung vorzubereiten, Koalitionsverhandlungen geführt. Wir haben versucht, eine Strategie zu finden, die großen Entscheidungen, die uns bevorstanden, auf breiter Basis zu treffen. Und wir sind froh, dass wir das so gemacht haben: die deutsche Einheit nicht mit der schmalen Mehrheit beschlossen, die die CDU damals hatte ...

Dann hieß es: Wer ist jung und dynamisch und kann den Stress ab, sich mit den Wessis rumzuschlagen? Da ging der Finger auf mich. – Was ist am Einigungsvertrag falsch gelaufen? Am Vertrag gar nichts, aber an der Umsetzung. Weil 40 Prozent des Einigungsvertrages nicht umgesetzt sind. Das kann ich nachweisen. Nur ein Beispiel: Artikel 28, Wirtschaft, Artikel 29, Außenwirtschaft, diese beiden Artikel sind nicht erfüllt. Es ist uns garantiert worden, dass mit der deutschen Einheit der Handel Richtung Osteuropa ausgebaut wird, nicht dass er abgewickelt wird.

Unser Problem im Osten ist ja, dass wir es nicht geschafft haben, als Einheit aufzutreten und unsere Forderungen durchzusetzen. Die Bayern haben sich totgelacht darüber, dass wir Ostdeutschen nicht für unsere Rechte gekämpft haben. – Ich gehöre zu den Kämpfern, ohne Kampf kein Sieg – und nicht jeder kann gewinnen.

Ich bin in Halle geboren, hab an den Franckeschen Stiftungen Abitur gemacht, kleines Latinum, alles, was dazugehört, und was mir sehr entgegenkam: Unser Musiklehrer war gleichzeitig Kirchenmusikdirektor an der Marktkirche. Dort hab ich Orgel spielen gelernt, hätte Kirchenmusiker werden können. Aber ich hab dann doch lieber Informatik studiert in Weimar und nebenbei mit den Musikstudenten gejazzt.

1987 war ich ehrenamtlicher CDU-Kreisvorsitzender. Ich sollte die Verpflichtungserklärung unterschreiben und für die Stasi arbeiten; hab ich natürlich nicht gemacht. In diesem Jahr hab ich meine Promotion B verteidigt, über ein selbstlernendes Datenbanksystem. Es gab im Rostocker Hafen ein großes Forschungsprojekt: automatisierte Kransteuerung im Containerumschlag. Dafür wollte ich Westrechentechnik haben, ich hab gesagt: Robotron kann das nicht. Da hab ich beinahe noch ein Verfahren gekriegt wegen Beleidigung der Partei- und Staatsführung. Als Informatiker wussten wir ja, wo die DDR im internationalen Vergleich wirklich steht. Das zu sehen, war für andere nicht so leicht wie für uns ... Robotron hat ja nur immer am Weltmarkt geklaut und dann die Dinge versucht nachzubauen. Und war dann immer fünf Jahre zu spät und dreimal so teuer.

Politisch hab ich damals sehr eng mit dem Umfeld vom Doberaner Münster zusammengearbeitet, mit Probst Schmidt. Wir haben bereits 1988 kritische Diskussionsveranstaltungen gemacht mit der evangelischen Kirche Bad Doberan, wir haben Plakate gedruckt, da hieß es in der Überschrift: »Lohnt es sich für einen jungen Menschen, in der DDR zu bleiben?« Veranstaltungen, wo wir öffentlich den Schießbefehl diskutiert haben. Wir hatten die FDJ-Kreissekretärin eingeladen und den Sekretär für Agitation und Propaganda von der SED-Kreisleitung, die haben nach einer halben Stunde die Veranstaltung verlassen und uns als Konterrevolutionäre beschimpft.

Auch Joachim Gauck war bei uns in Doberan als Prediger, mit anschließendem Umzug durch die Stadt. Als wir das zum ersten Mal gemacht haben, der Probst Schmidt und ich, haben wir die Demonstration angemeldet: aus der Kirche raus und rechtsrum, da hatte die Stasi ihre Kameras natürlich dort aufgestellt. Wir sind aber linksrum gegangen. Es war auch ein Nervenkitzel, die standen ja wirklich voll munitioniert, die Kampfgruppen, wenn da einer ein Streichholz an die Lunte gehalten hätte, dann hätte es Tote geben können.

1990 war ich zwischen dem 20. März und dem 1. Juli, dem Tag der Währungsunion, nur einen Tag zu Hause. In dieser Zeit war ich von dem Hochschullehrer, der abends in Bögerende mit am Stammtisch sitzt, nun zu jemandem geworden, der fast jeden Tag in der Zeitung ist. Meine Frau, damals Berufsschullehrerin, musste stellvertretend für mich einige Auseinandersetzungen überstehen. Es war ja nicht jeder für die deutsche Einheit, meine Kinder sind auch verprügelt worden von Mitschülern, meinetwegen. Auch das haben wir durch.

Es hat einen Attentatsversuch auf mich gegeben am ersten Weihnachtsfeiertag im Jahr 1992, der ist bis heute nicht aufgeklärt. Auf Grund dessen ist mein Haus in Börgerende vom Staatsschutz observiert worden, und ich hab dann vom Bundeskanzler die Mitteilung bekommen, dass meine Frau scheinbar noch einen anderen Mann liebt. Ich hab gesagt: »Für meine Frau leg ich die Hand ins Feuer«, darauf Kohl: »Da wirst du dir die Pfoten verbrennen.«

Nach der Scheidung hatte ich das Sorgerecht für meine drei Söhne bekommen, daraufhin hat meine damalige Frau mich angezeigt – wegen Steuerhinterziehung, inzwischen sind alle Verfahren vom Tisch bis auf eines, und das liegt jetzt beim Bundesverfassungsgericht ... Die Frage, ob die DDR oder die Bundesrepublik Deutschland ein Unrechtsstaat ist, kann ich nicht beantworten, das ist immer eine Frage der persönlichen Betroffenheit.

Ich habe im Studium gelernt, wie man sich schnell in große Systemprobleme reinarbeiten kann, um mithilfe der Informatik Lösungen zu finden. Mit dieser Ausrüstung hab ich versucht, Politik zu machen. Deshalb war ich eigentlich für die Politik insgesamt nicht zu brauchen, wohl aber für diese besondere Situation. Was ich niemals kann: Entscheidungen aus Machterhaltungsgründen treffen, von denen ich weiß, dass sie eigentlich falsch sind. Um meine Macht zu erhalten, muss ich als Politiker das Volk belügen können. Ich muss vor der Wahl etwas anderes sagen, als ich nach der Wahl tun muss. Das ist einer der Gründe gewesen, weshalb ich froh war, als ich aus der Politik wieder ausgeschieden bin.

Wenn man das Glück hatte, in einer außergewöhnlichen geschichtlichen Situation Politik mitgestalten zu dürfen, muss man auch damit klarkommen, dass es nicht das ganze Leben lang so bleibt. Seit fünfzehn Jahren arbeite ich daran, notwendigen Innovationen zum Durchbruch zu verhelfen: politisch, wirtschaftlich, wissenschaftlich, indem ich die richtigen Leute zusammenbringe, teilweise dann auch schon die Ausbildungsstrategien für die Unternehmungen entwerfe, damit die ihre Maschinen mit ausgebildeten jungen Leuten verkaufen können. Dazu gehört auch die Preußische Akademie für Zukunftsentwicklung als private Fachhochschule. Ich vertrete zum Beispiel ein Verfahren, wie man aus ganz normalem Hausmüll Öl gewinnt. Das sind Erfindungen, die tatsächlich die Welt verändern werden.

Günther Krause, geboren 1953 in Halle (Saale), damals Parlamentarischer Staatssekretär beim Amtssitz des Ministerpräsidenten der DDR, heute Geschäftsführer, lebt bei Heiligendamm.

Christoph Singelnstein Die schönste Zeit, die man als Radiomacher erleben konnte

Berlin-Oberschöneweide Funkhaus Nalepastraße (heute Funkhaus Berlin), 8. September 1990
(v. l. n. r.: Lutz Bertram, Konrad Weiß, Christoph Singelnstein, Gottfried Müller)

Dieses Bild entstand am 8. September 1990 auf einer Pressekonferenz in der Nalepastraße, dem Sitz des Funkhauses Berlin (Rundfunk der DDR) im damaligen Ostberlin. Zu sehen sind rechts von mir Konrad Weiß, damals Abgeordneter der Volkskammer für Bündnis 90/Grüne, und Lutz Bertram, damals beliebter Moderator bei DT 64, und an meiner linken Seite Gottfried Müller, Medienminister der letzten DDR-Regierung. Noch heute klopft mir das Herz, wenn ich dieses und andere Bilder aus dem Jahr 1990 sehe. Gleichzeitig muss ich ein bisschen lächeln und schüttele auch den Kopf – auch wegen meiner eigenen Naivität und Unbekümmertheit, mit der ich damals zu Werke gegangen bin.

Ein System brach zusammen, ein neues entwickelte sich – da gab es zunächst einen großen Orientierungs- und Aufklärungsbedarf bei unseren Hörerinnen und Hörern. Die Runden Tische wurden live übertragen; alles, was an gesellschaftlicher Bewegung Ende 89 bis Anfang 90 in der DDR passierte, musste abgebildet werden. Die Resonanz der Hörerinnen und Hörer war enorm – wir hatten Quoten, von denen man heute nur träumen kann. Weil die Leute wissbegierig waren, und weil Rundfunk und Fernsehen der DDR das natürlich besser konnten als die ARD-Anstalten. Die waren einfach weiter weg und sprachen eine andere Sprache.

1990 war ich 35 Jahre alt und alleinerziehender Vater zweier Söhne, arbeitete als Hörspieldramaturg. Ich hatte Erfahrung mit Manuskripten, Übung im Umgang mit Kindern und konnte mit meinem Gehalt gut umgehen. Jetzt stand ich plötzlich an der Spitze eines Unternehmens mit mehr als 5000 Mitarbeitern, hatte keinerlei Führungserfahrung, wusste nicht, wie 1,3 Milliarden (Ost-)Mark verwaltet werden, und schon gar nicht, wie man in einem so großen Unternehmen Kommunikationsprozesse steuert. Das Gebot der Stunde hieß: »learning by doing«.

Im Sommer 1990 haben wir im Rundfunk der DDR die komplette Führungsriege ausgewechselt. Zur neuen gehörten Leute, die engagiert, interessiert und auch sehr kämpferisch waren. Ein Problem war, dass die Kollegen zwischen Baum und Borke saßen. Denn einerseits mussten sie sich gegen die alte Führungsriege der SED wehren, die dann weg war, andererseits gegen den Vorwurf, alle Mitarbeiterinnen und Mitarbeiter von Radio und Fernsehen der DDR seien sowieso immer nur Handlanger der SED gewesen. Das war schon eine schwierige Konstellation. Unstrittig ist, dass der Rundfunk der DDR ein Instrument der SED war und von ihr auch missbraucht wurde. Allerdings beobachteten weniger die Hörerinnen und Hörer als vielmehr die politisch Verantwortlichen – und zwar sowohl die in den alten Bundesländern etablierten als auch die neuen politischen Kräfte in Ostdeutschland – unseren internen Erneuerungsprozess sehr misstrauisch, um nicht zu sagen: Sie haben ihm eigentlich nicht geglaubt.

Natürlich gab es heftige Auseinandersetzungen darüber, wie nun alles weitergehen würde. Im journalistischen Bereich passierte eine Befreiung, die schon fast anarchistischen Charakter hatte: Plötzlich waren Dinge möglich, die es jahrzehntelang nicht gewesen waren. Diejenigen, die damals Radio gemacht haben, erinnern sich mit leuchtenden Augen daran. Es war die schönste Zeit, die man als Radiomacher erleben konnte, denn es gab keine

Grenzen. Das hatte einen Pferdefuß, weil es hier und da zu Qualitätseinbußen führte. Gleichzeitig war es auch eine Zeit großer Unsicherheit, weil niemand wusste, ob er nach der Abwicklung noch dabei sein würde.

In der DDR war ich Hörspieldramaturg. Hörspiel – das war eine schöne Nische, da konnten wir manches realisieren, was sonst in der DDR weder im Kino noch im Theater und schon gar nicht im Fernsehen möglich gewesen wäre. Heute bin ich als Chefredakteur des RBB verantwortlich für drei Radioprogramme und mehrere Fernsehformate. Vorher habe ich zehn Jahre Antenne Brandenburg verantwortet, davor das Kulturprogramm des ORB. All das wäre ohne die Wende unmöglich gewesen. So gesehen bin ich ein Wendegewinnler. Die Wende kam für mich im richtigen Augenblick, ich war Mitte dreißig, voller Tatendrang, voller Lust, die Welt zu verändern. Ich habe die Chance gesehen und habe sie genutzt. Und das trägt mich bis heute. Was davon geblieben ist? Dass ich im Zweifel eher ein Faible für die Schwachen habe, für die Minderheiten. Journalistisch betrachtet: Die großen Mehrheiten bahnen sich ihren Weg schon. Und ich bin nach wie vor – sicher auch geprägt durch die DDR-Zeit – sehr zurückhaltend mit vorschnellen Bewertungen. Ich habe es lieber, wenn die Facetten einer Geschichte von ihren verschiedenen Vertretern direkt zum Ausdruck gebracht werden, als wenn mir einer sagt, was er wohl denkt, was jemand denkt. Das Denken kann die Zuschauerin oder der Hörer selbst übernehmen. Meinung machen zu wollen mit diesem Medium, das haben andere Leute vierzig Jahre lang versucht und sind damit kläglich gescheitert. Diesen Versuch sollten wir nicht wiederholen.

In jedem Fall war mein Leben vor der Wende um ein Vielfaches privater als danach. In den vergangenen zwanzig Jahren ist mancher Freund auf der Strecke geblieben, weil ich wenig Zeit hatte oder weil es manchem suspekt war, mit jemandem seine Zeit zu teilen, der plötzlich »auf der anderen Seite« steht. Die Kinder, bis dahin treu umsorgt, mussten ihr Recht auch schon mal energisch einfordern. Am Vorabend zum Geburtstag des Jüngeren saß ich abends um 22 Uhr noch im Büro, als mir plötzlich siedend heiß einfiel: Ich habe kein einziges Geburtstagsgeschenk, keinen Kuchen gebacken, keine Blumen besorgt. Das sind keine schönen Momente. Da ist einem nicht nur zum Heulen, da heult man. Und ist dankbar für eine Sekretärin, die in Windeseile durch das ganze Haus läuft und alles zusammenträgt, was nur irgendwo zu ergattern ist. So zog ich mit einem Berg Spielzeug und einem (wenn auch nicht ganz frischen) Blumenstrauß von dannen, und nachts um zwei Uhr war auch der Kuchen noch gelungen.

In solchen Augenblicken fragt man sich schon: »Will ich das?« Am Ende habe ich diese Frage immer mit ja beantwortet. Und im Laufe der Zeit habe ich auch gelernt, mich zu schützen, Grenzen zu setzen. Aber über allem stehen immer zwei Sätze von Antoine de Saint-Exupéry, dem Autoren von »Der kleine Prinz«, die für mich eine schöne Dialektik bilden: »Man sieht nur mit dem Herzen gut« und »Die langweiligste Rolle, die ich kenne, ist die des Zuschauers«.

Christoph Singelnstein, geboren 1955 in Greifswald, damals Intendant des Rundfunks der DDR, heute stellvertretender Programmdirektor des RBB, lebt in Potsdam.

Thomas Brussig

1965 in Berlin geboren, Schulabschluss 1981, 1984 Abschluss als Baufacharbeiter mit Abitur. 1984 bis 1990 folgten wechselnde Tätigkeiten, u. a. als Museumspförtner, Tellerwäscher, Reiseleiter, Hotelportier, Fabrikarbeiter und Fremdenführer, dazwischen Wehrdienst bei der NVA. 1990 bis 1993 Studium der Soziologie in Berlin (nicht abgeschlossen), seit 1995 freiberuflicher Schriftsteller.
Thomas Brussig lebt in Berlin und veröffentlichte u. a. die Romane »Wasserfarben« (1991, Aufbau-Verlag, Berlin, unter Pseudonym), »Helden wie wir« (1995, Verlag Volk und Welt, Berlin), »Am kürzeren Ende der Sonnenallee« (1999, Verlag Volk und Welt, Berlin, als »Sonnenallee« verfilmt von Leander Haußmann), »Helden wie wir« (1999, S. Fischer Verlag, Frankfurt am Main, verfilmt von Sebastian Peterson), »Wie es leuchtet« (2004, S. Fischer Verlag, Frankfurt am Main) sowie die Theaterstücke »Heimsuchung« (Uraufführung 2000 im Staatstheater Mainz unter der Regie von Kirstin Ziller) und »Leben bis Männer« (Uraufführung 2001 in den Kammerspielen des Deutschen Theaters, Berlin, unter der Regie von Peter Ensikat).
Der Autor erhielt 1999 den Drehbuchpreis der Bundesregierung für »Sonnenallee« (mit Leander Haußmann) und 2000 den Hans-Fallada-Preis der Stadt Neumünster.

Martin Ahrends

1951 in Berlin geboren. Abitur 1970 in Potsdam, Studien der Musik, Philosophie, Theaterregie in Berlin, wo er danach als Redakteur einer Zeitschrift für ernste Musik und als wissenschaftlicher Mitarbeiter an der Komischen Oper tätig war. Nach einem politisch begründeten Arbeitsverbot stellte er 1982 einen Ausreiseantrag, dem 1984 stattgegeben wurde. In Hamburg war er zwischen 1986 und 1996 Redakteur und freier Mitarbeiter der Wochenzeitung DIE ZEIT, seither ist er freier Autor. Neben zahlreichen publizistischen Arbeiten hat er auch literarische Texte veröffentlicht. Erzählungen, Essays und Romane erschienen u. a. im Verlag Kiepenheuer & Witsch, Köln, und im Aufbau-Verlag, Berlin. Martin Ahrends ist Mitglied des P. E. N. und lebt in Potsdam.

Foto: Frank Gaudlitz

Joachim Liebe

1955 in Potsdam geboren. Nach Schulabschluss Lehre zum Elektriker, 1984 Elektromeister. Seit dem Eintritt in den Fotoclub Potsdam 1974 ernsthafte Beschäftigung mit der Fotografie. 1985 bis 1990 angestellt als Instrukteur beim Kulturbund in Potsdam, u. a. für den Bereich Fotografie, 1987 bis 1990 Studium der Kulturwissenschaften (nicht abgeschlossen). Seit 1990 selbstständig als freier Fotograf. Tätig u. a. für DER SPIEGEL, Märkische Allgemeine Zeitung, Der Tagesspiegel und die Friedrich-Ebert-Stiftung. Parallel setzte er eigene, themenbezogene fotografische Projekte um. Von 1984 an waren seine Arbeiten in einer Vielzahl von Ausstellungen zu sehen. 1988 Teilnahme am Internationalen Foto-Plenair in Plovdiv (Bulgarien) als Delegierter des Kulturbundes der DDR. 1989/90 Foto-Reportagen der Wende in Potsdam und Berlin. 1990 bis 1994 Langzeitdokumentation des Abzugs der Russen aus Deutschland. Als Ergebnis erschien 1995 der Bildband »Der rote Stern stirbt leise« mit einem Essay von Rolf Schneider im Karl Dietz Verlag, Berlin. Liebe war Stipendiat der Käthe-Dorsch-Stiftung (1995/96) und ist Preisträger u. a. der Internationalen Barnack Biennale (1996, 1999) und des Fotojournalisten-Preises des Landes Brandenburg (2000). Er lebt und arbeitet in Potsdam.

Ausstellungen (Auswahl)

»Porträts und Landschaften«, Stadt- und Landesbibliothek Potsdam, 1984
»Porträts«, Kulturbund-Galerie, Feldberg, 1986
»Automne d'un Mur« (»Wende-Bilder«), Galerie Confluences, Lyon, 1990
»Politiker-Porträts«, Landtag Brandenburg, Potsdam, 1993
»Der rote Stern stirbt leise«, Café im Filmmuseum Potsdam, 1995
»Wende-Bilder«, Café im Filmmuseum Potsdam, 1996
Personalausstellung, Kameke-Galerie, Potsdam, 1998
»Do swidanija, Potsdam«, Gruppenausstellung, Potsdam-Museum, 2004
»Cuba libre«, Ministerium für Wissenschaft, Forschung und Kultur des Landes Brandeburg, Potsdam, 2008

BEIM NÄCHSTEN MAL WIRD ALLES BESSER